亲子关系

韩永华 著

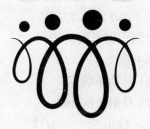

北京日报出版社

图书在版编目（CIP）数据

亲子关系 / 韩永华著 . –– 北京：北京日报出版社，
2023.11

ISBN 978-7-5477-4466-6

Ⅰ . ①亲… Ⅱ . ①韩… Ⅲ . ①亲子关系－家庭教育
Ⅳ . ① G78

中国国家版本馆 CIP 数据核字 (2023) 第 061746 号

亲子关系

出版发行：北京日报出版社
地　　址：北京市东城区东单三条 8-16 号东方广场东配楼四层
邮　　编：100005
电　　话：发行部：（010）65255876
　　　　　　总编室：（010）65252135
印　　刷：香河县宏润印刷有限公司
经　　销：各地新华书店
版　　次：2023 年 11 月第 1 版
　　　　　　2023 年 11 月第 1 次印刷
开　　本：880 毫米 × 1230 毫米　1/32
印　　张：6.25
字　　数：120 千字
定　　价：88.00 元

前言

　　如果使用惩戒和打骂等手段，可以让孩子变得更优秀，那为什么还会出现那么多叛逆的孩子？为什么很多孩子会感到不幸福、不快乐？为什么很多孩子会变得极端？

　　何谓优秀？是听父母的话，还是成绩优秀？孩子需要完全按照父母的意愿去学习和生活吗？如若不遵循，就应该遭受父母的打压或责骂吗？

　　何谓爱？就是用爱的名义去绑架孩子吗？还是望子成龙、望女成凤，让孩子满足自己的欲望或完成自己未完成的心愿？

　　如此，孩子何时才能做回真正的自己？他到这个世界的目的究竟是什么？难道不是为了获得幸福和快乐？你又有何权利去剥夺孩子体验人生的权利呢？

　　好好想一想：从孩子出生的那一刻，你对他怀着怎样的想法呢？是否想过为何要将他生下来？是不是想将你所有的爱都给他？是不是想让他健康、茁壮地成长？是不是想让他每天都过得幸福而快乐？是不是对他没有任何要求？

　　那现在的你又是怎样对待他的呢？是否忘了你的初心？孩子

是发自内心地感到幸福快乐吗？你又是如何爱你的孩子的呢？

你知道什么是爱吗？

你觉得自己需要学习怎样为人父母吗？

……

有没有一种教育之道，能够让孩子和大人都轻松，和谐地享受成长的快乐？

从尊重出发，以爱为本，用一种出于对生命的诚意，以一种自然的姿态，托住孩子，让他们健康成长、自由翱翔，就是一种成就生命的教育思想。

这里，不是不教育，也不是放弃教育，而是要放下当前许多家长在教育孩子过程中的种种企图、执着、恐惧和焦虑，以及种种费力不讨好的努力和折腾，不再盲目地教育孩子，而是进入一种由智慧引领的教育，让教育双方都能轻松而快乐，高效而节能，带给孩子一个幸福的未来。

省力，是因为这种教育在核心处发力。

省心，是因为这种教育在源头处改变。

在培养不同年龄阶段孩子的过程中，我更关注自我教育。我从自己的内在成长，看到了孩子们的内在显现，结果发现孩子和我的成长阶段是一致的，语言表达也是一致的，甚至连生命模式也是一致的。

没有自我成长以前，我不仅看不懂孩子的想法，也无法满足孩子的需求。走上自我成长之路后，我和孩子的亲子关系就实现了迅速提升。我在生活中不断验证自己，持续使自己提升，我没有刻意地教育和管理孩子，只研究如何看懂他们的需求从而尽量满足他们。当然，偶尔也会进行一些智慧的引领，让亲子关系在爱中不断地提升与流动。

我意识到，大部分的教育烦恼都源于家长对孩子教育时将力使错了地方。其实，该使力的地方是自己，因为父母是船头，孩子是船尾，孩子的走向必然要受到父母的引领。

父母是孩子的大学，孩子一直都跟我们紧紧相连。想想看，你的情绪，你的思想，你的心胸，你的格局，你的境界，你的内心，你有力量吗？你清明吗？你是否自信？你是否有压力？你内心是否感到恐惧？你是活在爱中，还是活在恐惧中？你是否在持续成长？你是否读懂了自己和孩子？

你有什么，孩子就会被传导什么。父母成为孩子的榜样，这样的教育就是成功的；父母成为孩子的权威，这样的教育就是失败的。

在遇到关于孩子叛逆的问题时，很多父母都会将责任推卸给孩子，认为是孩子的问题，为了让孩子在最短的时间内改变，他们会想尽一切办法，付出所有时间和精力。

其实，孩子的根源皆在父母，父母提升了，孩子自然也会提升。以身作则，言传身教，智慧的引领是最简单的教育方式，你似乎什么都没做，但在悄无声息中，却又什么都完成了。

同样的种子，播种在不同的土壤中，一个让它自然生长，呈现出旺盛的状态；另一个细心浇灌，却长得柔柔弱弱。原因何在？如果这棵植物就是你自己或你的孩子，你更希望是哪一种？

对孩子的教育是一件非常伟大的事，也是非常危险的事，要慎之又慎。

看见这个真相，接受这个事实，我们要老老实实地、谦卑地待在那里，放下一切想教育孩子的念头，充满诚意地陪着孩子，成为一个充满耐心的玩伴、一个及时为孩子鼓掌的人。如果条件允许，就给孩子创造更丰富、多层次体验的机会，这也是父母应尽的责任。

切勿用你的经验来剥夺孩子的体验，能做到不伤害孩子，教育便是成功的；若能看懂孩子，引领孩子，挖掘孩子，成就孩子，那你便是好父母，已经给了孩子最重要的教育。

真正的教育是先让自己成长，给孩子做个好榜样，让孩子自动成为优秀的"复印件"。

当孩子不开心时，你能否蹲下来摸摸他的头，问问他为什么不开心？问问他喜欢怎样的生活？

当你静下来的时候，请你——

多尊重你的孩子，

多倾听孩子的心声，

多陪伴你的孩子，

多抱抱你的孩子，

多给孩子真正想要的，

多向孩子表达你的爱，

多给孩子体验生活的权利，

这才是真正的爱。

记住，孩子是升级版的你，他们可以唤醒你，是你生命的导师。不要再用固有的思维模式、落后的教育方式来教育你的孩子了，要升级你旧版的系统，匹配孩子的新系统。

父母要先学习成长，成为智慧父母，才能读懂孩子的所思所想；真正地爱孩子，才能成为孩子的榜样，让孩子变得越来越优秀。知行合一，言传身教，才是最好的教育。

目录

第一章　智慧父母

父母是"原件"，孩子是"复印件"

家庭教育，对孩子的成长意义非凡，会影响他的整个人生轨迹。

我曾经看过这样一句话，说父母是"原件"，孩子是"复印件"，孩子将来会成长为什么样的人，父母发挥着巨大作用。我也非常认同这个观点，因为孩子从牙牙学语到独自走入社会之前，接触最多的人就是父母。他们会学习和模仿父母的一言一行，长大后多少都会继承父母身上的东西。因此，父母一定不能低估了言传身教的力量。

如果你对这个观点存在疑问，就先问自己以下几个问题。

为了我们的下一代，为了社会的和谐安宁，好好深度疗愈、净化、提升一下自己，是不是很重要？

让自己早日清醒过来，开启无限智慧，是不是更重要？

你愿意为今生的幸福，以及孩子的幸福，改变自己与提升自己吗？

你愿意持续地让孩子复制些什么呢？是你当下痛苦、纠结、抱怨的生命系统，还是一个全新的、充满爱与和谐、充满感恩与幸福的生命系统呢？

你觉得这个充满爱与和谐的生命系统价值有多大？

你觉得自己在给孩子做个好榜样的同时，你是不是最幸福的、最成功的人？

……

在亲子相处和孩子成长的过程中，父母都会遇到各种各样的障碍或问题，但你会被这些障碍一次次打倒，弄得心力交瘁、身心疲惫，还是会借此提升自己、成就自己，同时成就孩子？

如同在生活和各种关系中一样，我们是能借挫折成就自己，还是被挫折一次次打倒，关键在于，我们有什么样的认知以及怎样的心境；同时，表达出了怎样的语言，是破坏性的，还是具有建设性的？

目前，社会已经暴露出跟孩子有关的问题，比如，网瘾、厌学、焦虑、抑郁或轻生，亲子教育也成了热门话题。父母是孩子的第一任老师，家庭教育是孩子健康的第一引导途径。那么，教育的本质到底是什么？面对孩子的教育问题时，父母又该用怎样的方式去应对？该用怎样的心态去化解？

在最近两三年中，我目睹了很多家庭问题，比如，伴侣关系不和谐、家庭财富出现问题、父母身体出现问题，与之相伴的就是孩子出现的各种问题……情况看起来似乎很糟糕，但问题的根源只有一个，那就是父母本身。因此，要想解决孩子的问题，就要从根源上去找原因，即从父母身上去找原因。

有个女孩，她经常听到父母这样说话："我们经理很差劲，根本就不管我们的死活。""社会就是欺软怕硬，不想被别人欺负，自己就要先有钱，先硬起来。""有了动车确实方便了，但也不是为咱们打工者准备的，有钱人才能坐。""你们班主任也真是的，留这么多作业……"

在耳濡目染之下，父母的话就慢慢地渗透到了女孩的心里。在不知不觉中，她对社会有了偏见，常常会用这种偏见去看待身边的人、事或物。

升入高中后，女孩开始住校，只要宿舍一熄灯，她就开始不知疲倦地说社会不好、城市不好、富人不好、世道不好……使得舍友无法休息。

这天晚上宿舍熄灯后，大家都躺在床上，只听她用恶狠狠的语气说："你们知道吗？咱们学校旁边又修了一条马路。修这么宽的马路，一定有一群人贪污，应该抓起来枪毙。"

一个高中女生，用仇恨的、带着巨大负能量的口气说话，这样的负能量来自哪里？很显然，都是从父母那里学来的。父母随口发出的抱怨，孩子听到后，就觉得社会原来是这样的，自己是不受欢迎的，继而满腹抱怨……

如果不想让孩子成为这样的人，就从现在开始，把家庭当作最重要的教育阵地，用智慧引领孩子，用梦想点燃孩子，不要让孩子成为父母抱怨下的受害者。如果你总在家里说一些对社会不满、对领导不满的话，不知不觉中，孩子也会变得对未来没有希望、没有向往，愿望不足，学习动力不足，得过且过……

这个案例可以让我们清楚地看到"你是原件，孩子是复印件"的复制过程。不要觉得孩子小、听不懂，无论孩子多小，甚至包括胎儿期，都是有记忆的。作为父母，千万不能给孩子输入错误的信息。

夫妻关系是家庭中的第一关系，也是一个家庭的定海神针。孩子的问题，根在家庭；而家庭的问题，根在父母。

父母的成长、格局和智慧都会直接影响到家庭的兴衰，影响到孩子能否得到家庭的滋养。父母整天处于恐惧和焦虑中，不知道所为何来，盲目追求外在，当孩子出现问题时，自然也就无法正确地引领孩子；而性格开朗的父母，多半也教不出心态抑郁的

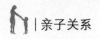

孩子。

家长都爱自己的孩子，但可悲的是，很多家长却以"爱"的名义对孩子行控制之术，表面上看起来是为孩子好，其实更多的是对孩子的批判、打压、比较和竞争。他们无法了解自己，自然也就不能了解孩子；自己不懂真正的爱，也就无法真正爱孩子。

孩子严重缺爱，内心没有力量，能量不足，就会出现各种问题……从这个角度来说，问题孩子的背后通常都有一对问题父母。

真正的爱是什么？是理解、接纳、尊重、赞扬和引领。孩子不是父母的附属品，我们需要做的是，尊重孩子的生命，尊重孩子的天性。尤其是生活在今天的孩子，他们更聪明，有时候甚至还能成为我们的老师，促使我们改变和成长。

过去的我也不会真正地爱孩子，后来通过不断学习和成长，了解了孩子的心理，学会了倾听孩子的心声，不再一味地给我所想给，因为我知道我给的非他所需。

工作中，我接触过很多为了解决孩子问题而来学习的家长，我通常都不会直接跟孩子见面，更不会给孩子上课，只会改变父母。因为我知道，只要改变了父母这个"原件"，"复印件"自然就能随之改变。

孩子是一面镜子，可以时刻反映父母的问题，孩子的生命状态也能够映射出父母的生命状态。因此，当孩子出现了这样或那样的问题时，不要急着去解决孩子的问题，而是应该从孩子的问题当中反省或思考：

孩子究竟出现了什么问题？发生了哪些具体的事情？

我遇到了怎样的挑战？我对孩子的期望如何？

我希望孩子做出的改变，孩子自己也向往吗？

我想要的理想状态是孩子想要的吗，还是仅仅为了满足自己的愿望？

产生这些问题的原因和动机是什么？

孩子的感受、需要和渴望是什么？

我可以改变和成长的地方在哪里？

为了改善亲子关系，解决孩子的问题，我能做些什么？

只有解决了父母的问题，才能解决孩子的问题；只有让父母成为孩子的榜样，家庭教育才是成功的。

爱是亲子关系唯一的根源，更是解决一切问题的方法。当然，这里我说的不是溺爱，而是正确的、有引领作用的爱。

注重构建自己的内在，提升自己，明白什么是爱，真正学习爱、给予爱时，无须教育，你的家庭就是幸福的，你的孩子也是幸福的。

　　爱孩子的最高境界，就是在孩子的内心留下父母相亲相爱、互相谅解的美好画面；留下父母努力工作、互相促进的生动印象；留下父母带着乐趣工作的幸福场景；留下父母看书学习的安静氛围……孩子将来长大离开家走向自己的人生道路时，在他的记忆里，就已经储存了丰富而美好的画面。当他在异地他乡孤独、彷徨、遇到困难、走投无路时，这些美好的画面就会全部复活，进而支持他、启发他，带他走出人生困境。

💡 教育智慧

　　家长是"原件"，孩子是"复印件"。"复印件"出现问题时，请在"原件"上找原因。

　　孩子是我们的天使，教得好是一生一世的幸福，教不好是一生一世的遗憾，请让我们一起学习，交流进步。

　　引路靠贵人，走路靠自己，成长靠学习，成就靠团队，人生的奔跑不在于瞬间的爆发，而在于途中的坚持。很多时候成功就是多坚持一分钟，只是我们不知道这一分钟什么时候出现。所以，即使累了，也不要轻易停下脚步。

　　成长始于童年，教育起于家庭。回到原点看生命，回到家庭看孩子。孩子身上的好习惯，要在父母身上找答案。家庭的希望在孩子，孩子的希望在教育。最好的教育，是陪伴！

治人者必先自治

生活中我们不难发现，有些孩子表面上看起来叛逆、不听话、不爱学习、脾气暴躁、不尊重父母等，但问题的根源究竟是什么？我们应该怎样看待这些孩子的问题？你是不是也觉得这些孩子有很大的问题？

把目光聚焦在改变孩子上，不仅会让父母感到更加痛苦，孩子也会变得更加叛逆，最终让亲子关系变得越来越糟糕，不仅会消耗掉彼此的能量，也无法在这段关系里给对方以爱和引领。

这种家庭教育，往往也是失败的。

不管在哪种关系里，只要你成为权威而不是榜样，你为了改变他人而付出的努力，都无法达到预期的效果。在某些地方，父母还没有做到，却要求孩子去做，如果孩子表现出对抗，跟父母顶撞，在父母眼中，就成了叛逆。但每个人都只愿意被引领而不愿意被强制地改变，那如何才能更好地解决孩子的叛逆问题呢？

答案就是，治人者必先自治。

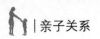

网上有个问题：父母的哪些习惯影响了你一生？

一位网友回答："十几年来，我爸每天都会 6 点半起床，看书充电。而我妈，只要有空，也会拿起书本认真阅读。每天晚饭后，他俩总会在楼下空地打球或跑步，回家后还会津津乐道地交流运动的好处。多年以后，我才意识到这些都是他们'刻意为之'的教育。曾经的我，不想早起，一看书就犯困，一运动就犯懒，可看到父母都还在坚持，就觉得早起也没那么痛苦，读书好像也不太难，自然也就养成了运动和读书的习惯。"

是啊，与其把时间和精力都花在孩子身上，试图掌控孩子成长的每一秒钟，不如把自己的事情做好。

孩子出生后，不少父母一门心思地扑在孩子身上，付出很多时间和金钱，孩子却对此并不买账。主要就在于，放弃自我成长的父母很难给孩子积极正面的影响，孩子也会缺乏积极向上的动力。

教育，就是先自教，而后教人；先自管，而后管人。孩子最有可能的成长方式，就是复制父母的言行举止。父母只有先成为更好的自己，才能引导孩子成为更优秀的人。

希望孩子取得多大的成功，父母首先就要做到，做孩子的起跑线，看懂孩子的需求并尽力满足。父母心中有爱，才能给予孩子真正想要的爱，如果想从孩子身上得到你们想要的，一定要先将孩子想要的给予他们，而这也是治疗孩子叛逆的良药。

真爱，可以化解所有的问题，是父母给孩子最大的财富。孩子的生命系统里有什么，才能给别人什么。如果孩子内心是愤怒，就会给出愤怒；如果孩子内心是满满的爱，就会给出更多的爱，他也会变成幸福的人。

爱出者爱返，孩子这面镜子反射出来的事物没有好坏之分，却能唤醒父母的成长，构建共同成长、彼此滋养的亲子关系，实现可持续发展的幸福人生。

好的教育，父母会通过孩子这面镜子，不断发现自我、修正自我、挖掘自我，并用全新的自我来为孩子做好示范和榜样……

发现自己的孩子叛逆了、不听话了，很多家长都会充满焦虑和恐惧，逢人便说自家孩子如何不听话。其实，他们对孩子有着无限期许，却忘记了对自己的成长要求。

父母有多恐惧，就会培养出有多叛逆的孩子。孩子叛逆，并不代表孩子学坏了，只能代表父母给予的与孩子想要的不符，他想要的沟通方式是爱与自由，而我们给予他的可能是掌控、打压、索取和恐吓。孩子对家长不满意，又不能批评家长，只能选择不听和逃离。

孩子本身就是父母的升级版，父母不知道这个真相，不知道提升自己反而要求孩子去做，孩子自然不愿意。

教育智慧

不要觉得"叛逆的孩子就是坏孩子"，家长自己要持续成长，活成孩子想要的榜样，孩子的叛逆举动自然就会渐渐消失。

强势父母只能将孩子培养成傀儡

现实生活中，父母总会将自己未实现的梦想强加到孩子身上。这对孩子是不公平的。

一个人在别人眼里即使再成功，如果他实现的不是自己的梦想，这样的人生依然是没有乐趣的。而为别人的梦想穷尽一生去努力却无法实现，这样的人生岂不更是一场虚妄？

也许在很多父母看来，自己过的桥比孩子走的路还要多，所以孩子的人生该走什么样的路，就该听父母的。

其实，这是父母误把人生经验当成了人生智慧。诚然，在人生经验方面，父母确实比孩子更有优势，但人生经验可能会成为人生智慧，也可能会遮蔽甚至扼杀人生智慧。

要知道，孩子有自主生活的主体性，在他们的成长过程中，父母要尽可能地为孩子创造更多可以自由选择的机会，创造更加丰富多彩的生活。当孩子有所选择时，父母要默默地站在他们身旁，为他实现梦想助一臂之力。

没有梦想的人生是苍白、无趣的，心中怀有梦想，即使无法实现，追寻梦想的过程也是充实而有意义的。把自己未完成的心愿强加到孩子身上，让孩子替你去学习，去圆你的梦想，其实这是对孩子的一种伤害，你的生活和生命同样也会被这份对孩子望子成龙、望女成凤的期许所困。

想想看：当父母把他们的思想和他们没有做到的事情强加给你时，你内心的感受如何？你感受到强加带来的爱了吗？你收到打着"为你好"的名义带给你的好处了吗？……你都不愿意接纳和做的事情，难道还想再持续复制给你的孩子？这样代代相传、周而复始付出的代价又有多大？自己寻求幸福的主动权以及让孩子赢在起跑线的决定权又在谁的手里？你有足够的爱与智慧给予孩子正确的引导吗？效果又如何？

孩子向父母请教他们遇到的问题，彼此的关系就会得到提升。父母要及时对孩子进行心理疏导和建设，将他从遇到的困惑中引领出来，让他从事件中看到美好而幸福的画面，得到自己想要的结果，孩子就会充满能量。如此，他就会觉得与父母聊天是一种幸福，对父母的爱与信任也会充满感恩。而孩子的存在，也会激励父母持续做一个爱与智慧兼备的人，不断地成就自己。

强势父母教育的结果往往是让孩子成为自己的傀儡，在他们眼中，所谓教育就是将自己的人生观灌输给孩子，以爱的名义，外加各种威逼利诱，让孩子走自己为其设计的道路，完成自己未了的心愿，满足自己的欲望。而智慧型父母则会放手，把孩子的人生还给他们。

1. 强势父母在跟孩子相处过程中的表现

（1）强制要求孩子按照自己的规划做事。如今很多辅导班都存在这样的现象：孩子正在学习的某个学科，并不是他们喜欢的，而是家长喜欢的。因为有些家长在自己小时候，家里不具备条件，自己的孩子出生后，就把所有期望都放在了孩子身上，希望孩子能替自己实现梦想。他们对孩子真正的兴趣并不关心，只要孩子能够按照自己的规划前行就行，根本不在意孩子是否喜欢。而这类家长还会觉得，自己的社会经验更多，给孩子规划的一切，也是为了他们好。

（2）对待孩子非常粗暴，不倾听孩子的想法。在教育孩子的时候，有些家长只会采取简单粗暴的方式。例如，孩子犯了错，他们不会倾听孩子犯错的原因，而是直接采用打骂的方式解决。因为在这些家长看来，教育孩子无须太多烦琐的步骤，只要让他们听话就可以，自然就会通过非常强势且粗暴的方式解决。其实，家长应该让孩子慢慢张开翅膀，因为孩子的成长需要过程，不是一下子就可以完成的，这种粗暴式教育并不能做到一步到位。而在这样的教育下，孩子的情感需求很容易被家长忽视，他们不仅无法正常表达自己的诉求，也没办法将自己心中的想法告诉父母。孩子失去了表达的机会，就会跟父母产生隔阂，有百害而无一利。

2. 家长应该如何正确对待孩子的教育？

家长想要孩子成龙成凤的心理固然可以理解，但对孩子太过强势，不一定能让孩子成才，只有采取正确的教育方式，才有利于孩子成长。

（1）放弃强势教育，倾听孩子的想法。父母与孩子之间存在隔阂的主要原因，是彼此间的沟通存在障碍，导致了各种问题的发生。作为家长，想要自家孩子能够很好地成人成才，首先就要知道孩子内心真实的想法是怎样的。父母不倾听孩子的想法，一味地按照自己的意愿行事，就会带来许多问题，必须放弃强势的言行，关注孩子的行为与想法。在父母强势教育下长大的孩子，性格或多或少会变得内向，甚至不愿意相信自己的父母，为了改善这种状况，父母就要更为主动一些，多关心他们。例如，每天晚上吃饭的时候，主动与孩子分享自己当日的所见所闻，打开话匣子，鼓励孩子与自己进行交流。面对孩子一些不恰当的想法，家长也不要用简单粗暴的方式应对，要询问孩子出现这些想法的原因，之后再循序渐进地引导。这样，不仅能让孩子拥有安全感，觉得家长对自己非常重视，也能减少亲子间的矛盾与误解。

（2）尽量放手让孩子自己去做。强势的父母在教育孩子时，喜欢替他们做各种决定，因为他们觉得孩子没有能力做选择，只能由父母进行把控。但是，这种把控可能会引发更为强烈的叛逆，让亲子关系出现矛盾。随着年龄的增长，孩子也会有自己的想法，不妨尊重孩子，适当地放手，将一些事情交给孩子自己去做选择，让他们学会按照自己的想法做事情。有些家长可能觉得不太放心，或者一时难以改变，那么完全可以换种方式参与进来。例如，家长可以先询问孩子，是否愿意让其一起参与，成为他们的好朋友或好伙伴。

（3）不要让孩子背负自己的梦想。想要成为合格的家长，就不要把自己的想法强加在孩子身上。例如，有的妈妈在小时候梦想成为一名钢琴演奏家，女儿长到4岁时，就将她送去学钢琴。

但是，学钢琴只是妈妈的梦想，孩子喜欢的是画画，只不过因为背负了妈妈的梦想而不得不坐在钢琴前练习。家长花了大把金钱让孩子学习，学习内容却不一定是孩子真正喜欢的，学习效果可想而知。所以，家长即使想让孩子背负自己的梦想，也要先询问他们的意见，看看他们是否对此感兴趣，同时也要看看孩子是否有这方面的特长。

教育智慧

为了让孩子在健康快乐的环境中成长，家长应该收起自己过于强势的教育，选择适合自己孩子的教育方式。

榜样是一股强大的力量

作为父母的你，每天在做什么？在说什么？在传递什么？孩子是不是跟你一样？

你当下的生命状态处于哪个层面？是在不良情绪中苦苦挣扎，还是在爱与感恩中享受富足自在的人生？

家长充满智慧，孩子长大后多数也会拥有一个美满幸福的人生。

家长的持续成长会给孩子及家庭带来持续的幸福，家长爱与智慧开启的层面决定着孩子人生的起跑线在哪里。

你愿意持续地做一位提升自我的家长吗？

你为自己的幸福及孩子的幸福投资过吗？你得到自己想要的结果了吗？

你是往哪个方向投资的呢？是投资自己的内在成长使自己越来越有爱与智慧，还是投资了房子和车子？

你和孩子的关系如何？是在享受亲子关系，还是在亲子关系中持续受苦？

你和自己的关系如何？每天是活在爱与和谐中享受生命与生活，还是在各种关系中饱受折磨？

父母是孩子的大学，不需要课桌，不分上学与放学，你对他的影响无处不在，他对你的模仿也无处不在，你的一举一动、一言一行，都会影响他的一生。

父母是孩子无法选择的大学，那你是一所怎样的大学呢？

1. 成为更好的父母，做正确的给孩子看

曾经看过这样一幅漫画：

爸爸一边打孩子的屁股，一边说："我希望你能记住这个教

训，不再打你的小弟弟。"

这幅漫画颇具讽刺意味。漫画中的爸爸不许孩子打弟弟，他自己却在打孩子。这会让孩子认为，爸爸是个伪君子，只会要求别人，却不要求自己。因此，如果想让孩子成为更好的人，父母首先得成为更好的自己，并让孩子看到我们是如何做的。

比如，如果希望自己的孩子具备诚实的品质，必须向孩子展示自己的诚实；如果希望自己的孩子具备慷慨的品质，就要向孩子表现出自己慷慨的气度；如果想让自己的孩子做到真善美，自己也应该具备真善美的品质。如此，孩子才能从父母的身上模仿到正确的行为。

在这个过程中，父母须切记：不要用惩罚或奖励等手段来迫使孩子去做某些事情。因为这种并非出自真心的行为，不会让他们养成良好习惯，相反还会给他们的心理健康带来不良影响。

2. 和谐的婚姻关系，是给予孩子爱的沃土

有句话说得好：对孩子最好的教育是家教。而最好的家教其实是父母的关系，父母婚姻美满，生活幸福，孩子身处其中，自然能够感受到浓浓的亲情。反之，父母关系不和，对孩子的影响也将难以估量。

记得上高中时，班上有个女生是文艺委员，她长得好看，性格也好。在课余时间，她偶尔会跟同学说起家里的一些事情。她爸妈都是学校的老师，但关系并不好，她从小在乡下的爷爷奶奶家长大，直到上学后才来到父母身边。父母关系不和，工作很忙，一家人很少能够聚在一起说说话。很多时候，她宁愿在外面和朋友一起玩，也不愿意回家。因为回去后，家里只有她一个人。

高考结束后，女孩选择了复读。后来她告诉同学，她一直觉得自己心理方面有些问题，觉得自己考不上理想的大学，她对于复读并没有怨天尤人，就像早已预料到了一样。

父母的婚姻关系直接影响到孩子的心理健康和幸福感，甚至未来的家庭。因为孩子最初对爱情乃至婚姻的认识全都来自父母。

在一个家庭里，父母的关系是最重要的，唯有父母相爱，才能给予孩子更多的爱。当这三者之间的爱达到平衡时，家庭关系才会更为稳固。而稳定的家庭关系、和谐的家庭氛围，如同一方滋养孩子的沃土，孩子将会在父母爱的滋养下，变得更健康、更快乐，从而更加茁壮地成长。

3. 给予孩子高质量的陪伴

智慧型父母，都会给予孩子高质量的陪伴。

所谓高质量的陪伴，是指父母在陪伴孩子的时候，放下手机，全身心地投入到陪伴孩子中。

孩子出生后，许多父母会将孩子交给家里的老人带，自己出去上班。但是，孩子的成长只有一次，父母回到家后，应当尽可能地给予孩子高质量的陪伴，放下手机，放下工作，参与到孩子的日常中去，与孩子建立深厚的亲子关系。因为只有当孩子与父母关系密切时，他们才更愿意接受父母的言传身教，继而从妈妈身上学会宽容、理解等良好的行为，从爸爸身上学会坚强、勇敢等优良的品格。

教育智慧

在孩子的成长过程中，爸爸和妈妈的角色同等重要，缺一不可。父母双方不同的行为模式、思维方式，在陪伴孩子的过程中，将会潜移默化地展现出来，尤其是在与孩子一同游戏的时候。

从父母的角色转变成心灵导师

父母不只是孩子的父母，还是孩子心灵的导师。

一次期末考试后，女儿很有把握地对妈妈说："这次语文考试出的题实在是太简单了，特别是作文，绝对能得满分，你们就放心在家等着我的好消息吧！"

妈妈很高兴，还给女儿做了许多好吃的，她心里也美滋滋的。可到了公布成绩的那一天，女儿傻眼了，语文成绩很不理想，50分的作文也只得了30分。

女儿心惊胆战地回到家，悄悄地把语文试卷给了妈妈。妈妈乐呵呵地接过那份试卷，但看完卷子后脸色立刻就变了。她把试卷狠狠地摔在地上，气冲冲地对女儿说："你这是怎么回事？你不是说题目简单吗？"女儿胆怯地说："我也不知道，可能是我太粗心，太大意了。"

爸爸看到这一幕，和蔼地走到了女儿身边，说："没事儿，下一次好好答题就行了。"女儿稍稍放松下来。晚饭后，爸爸对女儿说："把你的语文卷子拿过来，我看看你有几道题做错了，再看一下作文哪里写得不好，到底是哪里扣了分。"

爸爸一道一道地给女儿讲解，有一道题甚至还重复讲了好几次，可是女儿还是不会。女儿以为爸爸会生气，没想到他不但没生气，还很耐心地为她讲解。

太执着于自己身为父母的角色，会让我们停滞在表面无法深入，会限制我们在心灵层面与孩子进行连接的能力。只有以更广阔的视野，以平等身份与孩子建立心灵连接，才能真正认识到把孩子抚养长大不是亲子关系的全部。

每个人来到世上都要面对某些必须应对的挑战，而每个人所面对的挑战各不相同，为了战胜专属于自己的挑战，年幼的孩子，需要父母伸出援手。

父母要主动帮助孩子迎接这样那样的挑战，不要怨天尤人，因为你很快就会发现，没有这些挑战，孩子可能根本无法长成现在的样子。

孩子需要父母接受他的不完美，帮他展现出最好的自己。父母只要能接受孩子，就能帮助他们用自己所需要的方式进行转变，而不是用自以为对孩子好的方式。这也是身为孩子心灵导师的主要责任。

1. 将孩子看成一个完整的生命个体，而不仅仅是一个孩子

现实生活中，很多父母太过在意孩子，恨不得把孩子和自己绑在一起，能够时刻知道他在做什么、需要什么，更希望孩子的一举一动都能够按照自己的意愿来，听从自己的安排。

孩子明明已经吃饱了，还不断地喂，总想让他多吃点、长得好；孩子写作业，父母就在旁边监督、纠错，甚至比孩子自己还积极；孩子青春期想要有自己的空间，父母却偷偷地看孩子在房间里做什么，甚至偷看孩子的聊天记录、日记；不考虑孩子的爱好、特长，总是想用自己的经验和喜好帮孩子决定选什么兴趣班、文科理科、专业……

心理治疗师海灵格曾说过："好的家庭，一定要有界限感。"

对于父母来说，对孩子的爱不是越多越好，而是要控制在一定界限内。超出界限的爱，对孩子来说也是一种负担和伤害。家长打着"我这都是为了你好"的旗号，其实是把孩子看作自己的附属品，总想按照自己的想法改造他、控制他。这是一种不尊重、不信任孩子成长潜力的行为，会让孩子变得过度依赖，以自我为中心，失去很多锻炼的机会。

智慧的父母有界限感，知道孩子未来的路需要自己走。他们会把孩子当作独立的个体，分得清什么是孩子的事，什么是自己的事。他们会尊重孩子的感受，积极倾听孩子的想法，给孩子充分自由的成长空间。

孩子的人生需要他自己创造，父母要早早地培养孩子的自理能力、良好的人际交往能力、自己做选择的能力，不能只停留在溺爱阶段。有界限感的父母，懂得适当放手，允许孩子犯错，会鼓励孩子自己去尝试、探索，让孩子积累宝贵的成长经验。

2. 将自己定位为孩子的伙伴

很多家长总是认为孩子还小，不管大人说什么做什么，对于孩子来说都没有影响。其实，父母的言行举止对于孩子的心理健康影响非常大，只有将自己定位为孩子的伙伴，才能更快地接近他们。

（1）不要粗暴地对待孩子。很多父母喜欢用粗暴的手段教育孩子，觉得孩子不听话的时候，骂一骂就老实了，孩子犯了错误，打一顿就受到教训了。教育需要惩戒，但绝不是这种粗暴的惩罚。每个孩子都是在犯错中成长的，在孩子的成长道路上，家长是最好的引路人，教育孩子，应该用爱与智慧传递价值，而不是用暴力发泄情绪。

（2）不要总是翻旧账。孩子犯错时，家长喜欢翻旧账的行为，一度成为孩子童年的噩梦，只能一次次揭开孩子的伤疤。而你每一次对孩子翻旧账，都是对孩子的负面暗示。因此，孩子犯错后，身为家长，不要给孩子定性、打标签，像抓住了把柄一样，一再地旧事重提。

（3）忌和别人家的孩子做比较。很多家长总喜欢在孩子面前训斥："你看谁谁家的小孩多厉害，这次考试考了第一名，你再看看你，你考了多少分……"这是很多父母的通病，以为这样就能够激励自己的孩子更加努力，事实上往往会适得其反。任何一个孩子身上都有优点和缺点，但很多父母只盯着孩子的缺点，将这些缺点放大，其实是因为他们期望孩子能够各方面都优秀，让孩子通过比较看到自己的不足，能够"知耻而后勇"，激励孩子积极进取。但这种做法并不好，孩子并不理解父母的真实想法。时常被比较的孩子，自信心容易受损，不利于日后的学习与人际交往。

父母是孩子的第一任老师，是孩子最亲密的"伙伴"，更是孩子模仿和学习的对象。家人对孩子的影响力是不可小觑的，只有良性的教育，才能伴孩子健康成长，我们不仅要让孩子在身体上变得强壮，更要让孩子拥有强大的内心和坚毅的品质。

3. 帮助孩子建立他们自己的标准，而不是要求他们遵守我们的标准

总把自己的想法强加在孩子的身上，根本不是在爱孩子，而是在给孩子增加压力和负担。家长总是让孩子按照自己的想法和要求去生活，会让孩子感觉自己像一个木偶，不敢表达自己的意见和想法，只能一味地按照家长要求的步骤走，这对于孩子来说着实可悲。

孩子的世界其实非常单纯和美好，家长要学会适当放手，让孩子去做自己喜欢的事情，让他们按照自己的规划走。

家长可以适当地对孩子表达期望，但过分的要求会让孩子丧失好奇心和探索欲。好奇心是孩子成功的重要因素，如果孩子连好奇心和探索欲都没有了，只会变得越来越平庸，长大后也可能变得越来越叛逆。

孩子的独立意识在不断地发展，如果家长总是要求孩子按照自己的标准去做事，那么孩子不是变得非常叛逆，就是变得非常胆小。不管是哪一种，都是一种极端，因此，家长要正确地教育自己的孩子，不要总让孩子按照自己的想法去成长。

4. 放手让孩子独立自主

当孩子的身心发展到一定的水平时，就已经具备了自己解决问题的能力，若是家长剥夺了孩子锻炼的机会，就会在无形中扼杀孩子独立解决问题的能力。所以，在日常生活中家长应适当放开，做个"懒"人。凡是孩子自己的事，就放手让他独立去做。父母可以稍微给予指点，但不要包办代管。

家长应该解放思想，放手让孩子分析、解决自己遇到的问题，告诉他遇到事情要沉着冷静，积极应对，而不是消极地等待。或许在此过程中，孩子会做得不那么妥当，但恰恰就是在对这些小事的处理过程中，孩子才能渐渐成熟起来。

在我们的生活中，有很多解决问题的机会，我们可以把一些机会留给孩子。看到父母不在旁边，给不了任何意见，孩子就会自己思考，解决遇到的问题，自然而然地，他们的能力也就得到了提升。

只有这样，孩子才能建立自信，将自信和独立转化为成长过程中最坚实的铠甲。

5. 引领孩子提升他们的自我，而不是把他们当作"我的"

孩子是什么呢？首先是一个独立的个体。他们有自己的感受，也有独立的思想，父母可以引导，但不能强求。如果发现孩子在"挑战"你，不要急着生气，先回想一下自己刚刚对孩子说过的话、做过的事，有没有什么问题。

有个孩子弄丢了钥匙，妈妈本来想发火，让孩子站到墙角反思，但她转念思考了一下：如果是老公弄丢了钥匙，自己会让老公站墙角吗？显然不会。想到这里，她就作罢了，然后引导孩子一起来想办法解决问题。

教育智慧

孩子只是个"孩子"，我们要尊重他们的身心发展规律，不要急于求成。要耐心一点，给孩子一点时间，也给自己一点时间。如果希望孩子学会一项技能，就花时间培养他，一点点地给他示范，用问题启发他，而不是期待他自学成才。

幸福的父母才能培养出幸福的孩子

我曾在网上看到过一些孩子过劳的新闻，有些孩子甚至还因此产生了严重后果。

无知的父母不断地逼迫孩子高强度地学习，为他们的无知买单的却是孩子的身心健康。

孩子用自己的身心健康唤醒我们的思考：我们对自己的人生满意吗？我们有资格来教育孩子吗？我们的教育方法真的管用吗？如果你对教育结果不满意，说明你使用的教育方法存在问题，要及时止损，让自己静下来，自我反省，发现问题，解决问题，实现成长。

内心匮乏的父母是无法培养出幸福的孩子的，只有幸福的父母，才能培养出幸福的孩子。

托尔斯泰《安娜·卡列尼娜》的开篇语令人震撼："幸福的家

庭都是相似的，不幸的家庭各有各的不幸。"幸福的家庭有哪些地方相似？我们认为，一个幸福的家庭至少应该是：妈妈被宠爱，爸爸被尊重，孩子被接纳。

1. 妈妈被宠爱，家庭更幸福

生活中，曾出现过这样一个温暖的片段：

地铁到站，旁边空出一个位置，有个大约 3 岁的小男孩跑过来坐下，然后对着车门口说："妈妈快过来，这里有位置。"没多久，上来一对年轻夫妻，妻子挽着丈夫的手，笑盈盈地和儿子说："只有一个位置，你坐吧，我和你爸站着。"

小男孩说："我是男孩不用坐，妈妈你坐吧！"拗不过小男孩的请求，妈妈坐下了，爸爸则奖励般地摸了摸儿子的小脑袋。

从他们的聊天中，人们了解到，这一家三口是妈妈带儿子出门玩，顺便送爸爸去上班。

儿子嘟嘟囔囔地和爸爸说："能不能和妈妈一起陪我玩？"爸爸安慰儿子说："你要乖点，等我下班了，马上去接你和妈妈，带你去吃你最喜欢的香蕉船。"小男孩还是不太高兴，一直蹭爸爸的手，却也没再说什么。

后来，爸爸到站，临下车时严肃地对儿子说："你一定要照顾好我媳妇，不许哭，不许闹，不许惹她生气，那是我媳妇，懂吗？我去给你们挣钱。"

整个车厢的人都笑了，善意地看着小男孩像个小大人般地做着保证。

我们确实该为这位爸爸鼓掌。因为宠爱妻子，是家庭幸福的基本法则。

2. 爸爸被尊重，则更爱妈妈

在英国，流传着一个"女王敲门"的故事。

一次，维多利亚女王与丈夫吵了架，丈夫独自回到卧室，闭门不出。

女王回到卧室门口，只好敲门。

丈夫在里边问："谁？"

维多利亚傲然地回答："女王。"

没想到，丈夫不仅没有开门，甚至没有发出一点声息。

她只好再次敲门。

里边又问："谁？"

"维多利亚。"女王回答。

里边还是没有一点动静。

女王只得再次敲门。

里边再问："谁？"

女王学乖了，柔声回答："你的妻子。"

这一次，门开了。

女人需要宠爱，男人则需要尊重。

经营家庭和婚姻的真谛就是爱与尊重。如果丈夫不疼爱妻子，妻子则不会尊重他；反过来，如果妻子不尊重丈夫，丈夫也不会疼爱妻子，婚姻也会陷入一个"疯狂怪圈"。

被宠爱的女人，会容光焕发、温润如玉；被尊重的男人，则会精神饱满、神采奕奕。男人越宠爱女人，女人便越会尊重男人。女人越尊重男人，男人则更爱女人。爱情如此，经营家庭也是如此。妻子尊重丈夫，丈夫疼爱妻子，家庭则更温暖。

3. 孩子被接纳，家才真的为家

被接纳，是孩子成长过程中的心理需求。被父母接纳的孩子，才会有安全感，才不会被恐惧束缚，做事情才不会有后顾之忧。心中没有被抛弃、被否定、被嫌弃的恐惧，孩子才能感到心安，才会把焦点放在成长和该做的事情上，才会取得更好的结果。

期末考试，某小学五年级上午考的是语文。父母早早就把饭做好了，等着儿子回家。眼看着别的孩子都回来了，孩子却迟迟不见人影。起初他们以为孩子贪玩回来晚了，就把做好的饭放在锅里等着孩子。可是放学都快 1 个小时了，还是不见孩子的踪影。他们有些着急，赶紧分头去找。找到男孩的时候，孩子低垂着头，正徘徊在教室外面。

爸爸是个非常负责任的人，特意跟儿子的班主任取得联系，问孩子到底怎么了，他应该怎么做。班主任了解到，爸爸平时对儿子宠爱有加，经常带儿子出去玩，但如果儿子没考好，就会打骂他。之后，班主任跟他说："我知道，你一定很爱你的孩子，你对他所做的一切都是为了他好。但是，你知道孩子对你的希望是什么吗？他一定希望，不管他有没有考好，你都能对他好。他需要始终如一的爱。"

都说"父母的爱是无条件的"，但在现实生活中，要做到无条件地接纳孩子，却并不容易。可是在孩子眼中，幸福家庭的标准恰恰是父母能否接纳他的全部。

有一家心理机构曾做过一份专题调查，让从幼儿园到大学的不同年龄段的孩子在一起畅所欲言，说出他们对幸福家庭的理解。提到最多的三项分别是：父母恩爱、父母充分尊重自己的意愿、父母真正关心和欣赏自己。

家是唯一一个不需要理由就可以回去的地方，是一个让你觉得不管变成什么样都能接纳你的地方，就算你已经为人父母，在人生走到低谷时，也还想回到父母身边重新获取力量。

好的家庭，应该是每个人都可以从中获得慰藉。如果一个家可以让妈妈获得宠爱，让爸爸获得尊重，却不能让孩子获得接纳，家也不能算是完美幸福的。

教育智慧

家庭是母亲的世界，父亲的王国，孩子的乐园。

生命旅程中给孩子以智慧的引领

在教育不同年龄段的孩子的过程中，我只关注自我教育，从自己内在成长的阶段来看孩子的外在表现是否与我保持一致，我得到的结论是孩子和我的成长阶段是一致的，语言表达也是一致的。没有自我成长时，我根本不知道孩子的需求，走上自我成长之路后，我和孩子的进步都很大。我在生活和亲子关系中验证自己，然后持续使自己提升，并没有刻意地去教育和管理孩子，只研究如何看懂他们的需求且满足他们，偶尔做些智慧的引领，我们的亲子关系每天都在提升。

多数的教育烦恼都是由于家长使错了力，其实该使力的地方是自己，因为父母是船头，孩子是船尾，你往哪里开船，孩子就会被引领到哪里。

1. 父母要做孩子学习上的知情者

孩子在学校的上课情况、作业情况以及对知识的掌握程度等，父母都要有一个大致的了解，如果因为工作太忙而无法做到每天都关注孩子的学习，至少每周也要关注两到三次；长期不关注孩子的学习情况，孩子就容易养成懒散的习惯。学习的知识得不到及时巩固，不懂的问题就会越积越多，孩子就会逐渐对学习失去兴趣，甚至厌学。

2. 父母要做孩子学习上的陪伴者

这里说的陪伴是指高质量的陪伴。对于高质量的陪伴这个概念，相信大家一定都不陌生，无非就是回家以后把手机收起来，把手头的工作暂时放在一边，全身心地陪伴孩子。哪怕只是陪孩子玩一个小小的游戏，哪怕只是陪孩子看 15 分钟的书或聊一会儿天，这样的陪伴就是高效的。

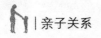

3.父母要做孩子忠实的倾听者

孩子上了一天的学，回到家可能有很多话想对爸爸妈妈说，有开心的，有难过的，甚至还会因为跟同学闹矛盾而发个小牢骚，这时我们即使再忙，也要听孩子把事情讲完，根据情况及时对孩子进行心理疏导。这样做既能让孩子的情绪得到宣泄，又能让孩子感受到父母对自己的接纳和重视，从而增进亲子关系。

4.父母要做孩子的欣赏者

不要一味地盯着孩子的某一个缺点，甚至放大孩子的缺点，要学会发现孩子的闪光点。比如，孩子学习成绩不是很好，但他一直很认真、很努力，或者在其他方面表现得很优秀，就不要老是盯着他的成绩说事儿，像"怎么这么笨啊""这么简单的题都不会"之类的话只会让孩子产生挫败感，甚至觉得自己一无是处。要对他认真学习的态度给予肯定和鼓励，从而使这种行为得到强化，建立起学习的自信。

5.父母要做孩子成长道路上的引导者

孩子年龄小，明辨是非的能力还不是很强，在学习、交友、为人处世等方面都需要家长的正确引导。网络信息时代，有些东西对涉世未深的孩子来说是有一定负面影响的，比如，一些低级直播、视频，还有各类网络游戏。在玩手机之前，建议家长先把关，并要给孩子限定时间。

父母要做好规则的掌控者。虽然现在的教育专家大多强调理解、尊重和赏识教育的重要性，但一定要把握好尺度，避免过犹不及。该让孩子自己做的就让他们自己做，该让他们自己承担的后果就让他们自己承担，适当地让孩子接受一些挫折教育，该惩罚的决不能心慈手软。如果你不舍得教育孩子，将来社会会替你狠狠地教训他。

适当满足孩子的心理需求

有些父母对孩子有很多误解，认为孩子小时候不听自己的话，长大后就更难交流了。其实，如果父母能多了解一些孩子的真实需求，亲子之间的沟通就会更容易，同时也有利于孩子的成长。

每个孩子都有一定的物质和精神需求，满足孩子的需求是培养孩子健康人格的第一步。

　　李梅是一对双胞胎的母亲。两个孩子每年都一起过生日，但是在今年生日之前，两个人对蛋糕图案的要求出现了分歧。李梅觉得买两个蛋糕很浪费，但又不愿意委屈任何一个孩子。

　　对于性格开朗的孩子来说，没有得到自己心仪图案的蛋糕可能没关系，但内心敏感的孩子可能会难以接受。最终，李梅做了鸳鸯蛋糕，两个孩子都很满意。

　　实际上，孩子有需求是正常的，父母也应该适当地满足他们的需求。如果孩子的需求一直都得不到满足，孩子也会遇到各种各样的问题，不利于未来的健康成长。

　　很多时候，父母满足了孩子的需求，孩子也会主动满足父母的需求，亲子关系就会和谐且不断提升。

　　父母的人生观和价值观决定着孩子将要去向何方、拥有怎样的人生。只有满足孩子的心理需求，把自主权还给孩子，让孩子感受到父母的爱，有良好的情绪体验，孩子才更加愿意去做父母期望他们做的事情。而当一个孩子真正凭借着自己的内在动力做事情的时候，就能充分激发自身的潜力，胜任看似很难完成的工作，这才是最值得父母骄傲的地方。

那么，你知道孩子有哪些需求吗？你能智慧地为孩子做好引领，让孩子得到提升与满足吗？当孩子有需求时，你是打压他的需求，在他生命里埋下个定时炸弹，还是满足他的需求，让他健康成长呢？

1. 需要得到父母的尊重

孩子都希望被父母尊重，而得到父母尊重的孩子，往往更自信，更愿意把真实的自己展现在父母的面前。因此，父母要尊重孩子，不伤害他们的自尊心。特别是在人前，在孩子的朋友面前，更要顾及他们的面子。

2. 渴求父母的关爱

得到父母的关爱，是每个孩子最大的期望。因此，父母对孩子的爱不能仅停留在衣食住行方面，还要了解他们的内心世界；要把自己定位成孩子的朋友，而不是高高在上、让孩子敬而远之的形象。

3. 期望父母的认同

孩子都渴望得到父母的认同，因此，当孩子做好一件事时，要及时给予他们认可和鼓励，哪怕孩子只是简单地搭好一块积木，也要如此。同样，孩子获得小小的成就，也需要父母认可他们。不过，别盲目地夸孩子真棒，要有针对性地夸孩子好在哪里，让孩子感受到父母的认可不是敷衍。

4. 渴求好奇心能得到满足

孩子的天性就是好奇心强，好奇心也是激发孩子探索欲和求知欲的动力。当孩子表现出强烈的好奇心时，父母要在安全范围内鼓励他们继续探究，不能单纯地压制。更不能嫌孩子麻烦，觉得孩子无趣或无聊，因为好奇心是调动孩子主动认识世界的内驱力。

5. 希望从父母那里找到归属感

在成长过程中，孩子要接触形形色色的人和事，渴望从父母那里找到归属感。比如，孩子在外面受了委屈，就需要父母的安慰，从而感受到强烈的归属感。

不管孩子在外面经受了什么，父母给予的无条件的认同、信任和鼓励，是孩子走出挫败感的动力，也是孩子对父母完全信赖的理由。

💡 教育智慧

　　能得到父母的陪伴，是孩子成长过程中最幸福的事。在陪伴中，父母能更好地了解到孩子的内心世界，孩子也能感受到亲情的重要和温暖。别用没时间的借口来推脱孩子期待的陪伴，给他们再丰厚的物质，也不如有质量的陪伴更能温暖他们的心。

第二章 和谐亲子

你的格局、眼界、心胸、智慧和品性，就是孩子的未来

父母对孩子的怒气很多时候来源于自己的无能和对现状的不满，但给孩子造成的内心伤害却久久难以愈合。

父母的格局影响着孩子的未来，你的目光就是子女人生的高度，你的胸襟就是子女人生的广度，你的品性就是子女人生的厚度；你的格局、眼界、心胸、智慧和品性，从某种程度上来说就是孩子的未来。

1. 孩子身上出现的问题，是父母身上问题的反映

对于一个家庭来讲，父母是树根，孩子是花朵。如果花朵有问题，多半树根也有问题。父母看到的孩子身上的问题，其实是自己的问题在孩子身上的反映。从某种意义上讲，不存在有问题的孩子，只存在有问题的家长。

家长代表着"头脑"，孩子代表着"心"。当一个个体出现问题时，一定是"头脑"先出了问题。没有你的角度、判断，会出

现问题孩子吗？正是因为父母创造了一些问题概念，投射在孩子身上，把原本完美无瑕的玉看成了千疮百孔的石头。

如果觉得孩子有问题，一定要先反过来，在自己身上寻找问题的根源。如同看到屏幕上有些瑕疵，要先看看投影仪的镜头有没有问题。

2. 自己的恐惧越多，对孩子的要求就越多

如果你是一个恐惧型家长，那很可能就会有一个问题孩子。你的恐惧越多，孩子在你眼中的问题就越多。

恐惧来自不安。我们之所以想要掌控，就是为了不让自己失控。为了增加安全感，我们往往会想方设法握住某种东西。掌控者是头脑，孩子是自由的心，他们像水一样流动，很难被掌控。结果是你越想抓住，越想驾驭，越想掌控，就越抓不住，越驾驭不了，越掌控不住。

父母的恐惧越多，要求孩子的就越多，孩子在你眼中的问题也就越多。没有你的恐惧，没有你的压制和判断，孩子怎么会成为难教育的孩子？自己放平心态，孩子才能天然成长。为了让孩子长大后有足够的智慧和能力，就要让他按照天性成长。

孩子按照天性成长，长大以后的智慧和能力才会得到更好的发挥。那么，如何才能让孩子天然成长呢？首先你要成为一个无

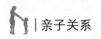

所畏惧的家长。

3. 知道什么对孩子的人生道路最好吗？

在孩子面前，我们似乎都是权威。我们貌似知道什么东西对他最好，什么样的道路对他最好……可是，从孩子一生的长远角度来看，你真的知道什么对孩子最好吗？以你的"知道"来控制孩子，让孩子按照你规划的道路行走，把你自认为好的或对的东西强加给孩子，其实是一种挟持，你挟持了他的生命自由，挟持了他的心。

衡量自己对一个人是否有爱或爱有多深，我们往往会看对他有没有要求、期望或负不负责。我们认为，对一个人要求越多、期望越高、掌控得越多、越负责时，我们就越爱那个人；反之，就不爱他，或爱他不深。这种观点其实是错误的。

要求、期望或负责，某种程度上，是恐惧的另一种化身。

在我们的教育中，因为我们有所恐惧，所以"要求""期望"或"负责"成了我们与另一个个体的连接方式。当我们对他要求越高、期望越高或越负责时，就会觉得自己与对方连接得越紧密，因而感到越安全。

如果教育是为了弥补安全感，那么越强调教育，背后的不安感就越强烈。万物需要的不是他人给予的教育，而是自我学习和自我教育。实际上，在人的智慧发展中，也只有这一部分是真正有意义和起作用的。严格地说，要求、期望和负责，并不全是爱，还有一部分是恐惧。

家长心存恐惧，对待孩子教育的问题，就会在无意识中不可避免地把孩子当成自我安全感的"人质"：你必须变得优秀和美好，否则我就不安全；你必须变得更有能力，否则我就不能安心。

当孩子成为家庭中的"人质"时，就无法接受真正的良性教育。你恐惧时，他能感受到恐惧；反之，当你放松或自信时，他也能感受到。

孩子是一个敏感的接收器，他在反映你的声音和信息。家长应把教育的重心由教育孩子放到教育自身上来。自身得到提升，孩子自然也会变好。

在对子女的教育中，家长应检点一下自己内心的恐惧，这是真正教育出好孩子的开始。教育从某种意义上说是一种治疗，它治疗的正是人类之心的恐惧。

我们常常说，母亲对于孩子的爱是全然的、百分之百的。可是，当一个人内心存有恐惧时，对另一个人的爱就不可能是百分之百的。真正的爱是什么？并不是你把自己的命都给他，也不是他要什么你都满足或给予。真正的爱是一种无为，它没有要求，

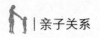

也没有任何恐惧的阴影，不隐藏任何掌控的企图，它像太阳给予万物光和热一样，散发本身的能量。

真正的爱是完全无条件的，这种爱像老天对万物的态度一样，给予你，但对你没有任何要求和期待，他对你无为。把这个标准作为真爱的标准，就能检验你对孩子的爱是不是真爱。

💡 教育智慧

父母对孩子期望越大，孩子的压力越大。对孩子不要有太多的期待，不管他怎样，我们都要爱他。父母尽己所能，不给孩子提太多的要求，才是真正觉悟的父母的爱。

给孩子理解、认同与爱

面对孩子的叛逆，最好的办法永远都不是压制，而是父母的理解、认同与爱。

看到孩子青春期叛逆，很多父母不是觉得不安无助，就是用武力镇压，对孩子非打即骂。很少有父母能够真正站在孩子的角度，去理解他们为什么会如此，进而理解他们的真实想法。

孩子厌学，原因之一就是父母期待过高。青春期孩子的厌学，更是一种信号。孩子们都知道读书学习对自己没坏处，只不过，他们难以承担父母以爱之名强加在自己身上的压力和期望。学习变得功利，孩子的内心只会充满恐惧和抗拒。所以，父母不要对孩子有过高的要求，更不要对他有过高的期待。孩子在学习上获得进步，哪怕是再小的进步，都应给予认可。

学习，是一件需要成就感的事情，父母的理解和认可，会带给孩子温柔坚定的力量，让孩子有勇气重新爱上学习。

孩子无法沟通，多半是因为父母不会好好说话。命令一旦开始，谈话就结束了。很多时候，父母以为的沟通，其实更像是单方面的控制。跟父母无法沟通，孩子们不会绝望，但经过日积月累，这份亲情就会消耗殆尽。到那个时候，彼此之间虽然有血缘关系，却恨不得成为陌路人。明明父母就在隔壁，孩子却只愿意躲在房间，即使父母口口声声说爱孩子，孩子也不愿意靠近。因为他们感受不到温暖和爱，只觉得每次的沟通都像一条绳子，束缚着他们，让他们喘不过气。

好好说话，是沟通的前提。尤其是青春期的孩子，他们的身体在长大，心理却不成熟，不要把他们当成附属品，试图掌控他们的一言一行，要把他们当成"成年人"，当成朋友，用平等的身份去沟通。

不论孩子是婴幼儿还是青少年，都需要获得认同，需要被告知：父母因为他们的存在而开心。

父母接纳孩子的能力与接纳自己的能力密切相关，父母尊重孩子的程度取决于尊重自己的程度。因此，我们要放下为人父母的架子，放弃"应该怎样"的想法，从接纳自己开始，尊重孩子的真实需求。

缺乏尊重意识，父母就会限制自己的孩子，要求他们事事征得自己的认同。这种情况下，孩子就会走向两个极端：要么格外渴望获得父母的认同，要么事事依赖于父母的认同。如果能从父母那里获得无条件的接纳和尊重，孩子就能获得一种全然不同的感受。

身为父母，我们不能错误地认为自己有权决定孩子成为什么样的人。我们凭什么来评判他们？他们需要知道，在这个世界上，他们有权利认同最本真的自己。同时，这个权利也不是由我们授予的，而是与生俱来的。只要他们活在世上，就有权利向世界表达自己的心声和感情，展示自己本真的精神世界。

赞美和认同孩子的意义是：允许他们生活在最真实的自我当中，而不必陷入父母期望的陷阱中。也就是说，即使孩子什么也不做，什么也不去证明，也没有达到任何目标，我们依然要为他们的存在而欣喜。

无论表现形式如何，孩子的本质都是纯洁而富有爱意的。当我们尊重这种本质的时候，孩子就会相信：我们理解他们的内心世界，相信他们是美好而有价值的人，无论他们外在表现如何。

在孩子的外在表达还不完整的时候，如果我们有能力与他们的内在本质建立起纽带，就能向他们传递信息，让他们知道自己的巨大价值。

孩子需要知道：他们不必做任何事情，就能赢得父母全身心的关注。

孩子理应体验：他们降临世间，这件事本身就足以为他们赢得瞩目与欣赏。

父母必须明白自己不能接纳孩子的原因，否则就会想办法去塑造他们、控制他们、支配他们。

最关键的是：如果在彻底接纳孩子的问题上存在困扰，问题的源头一定来自我们过去的经历。接纳孩子与接纳自己是紧密相连的，不能全面接纳最真实的自己，就永远无法接纳孩子。随时随地接纳孩子的本真，我们就会得到一种释然的感觉，内心也会变得宽阔。

当我们不再追求控制欲的满足时，就会同孩子建立起一种亲密的关系。从孩子的实际情况而不是从自己的想象出发，就能帮孩子塑造起同他们的本质相协调、相适应的人格。因此，要想打破偏见，父母就要真正进入当前的状况，并彻底放开自己的心灵。

1. 2~3 岁是第一个叛逆期

2~3 岁是孩子的第一个叛逆期，这个特征会一直持续到 4~5 岁。此时的孩子为了引起别人的注意，会做一些出乎意料的事情。其实，这种叛逆是一种成长的表现，孩子内心有了自己的想法，渴望得到父母的认同。在这个阶段，他们内心只有自己，父母的批评对于孩子来说都是无用的。

对于这阶段的孩子，如果父母从他们的角度去看待问题，就能够明白，孩子这是想要表达自我、强调自我、发展自我，也是一种积极成长的状态。

父母只有真正理解孩子，站在孩子的角度去思考问题，才会让孩子更快地走出这个叛逆期。

2. 7~9 岁是第二个叛逆期

这个阶段，孩子已经长成了一个"小大人"，表现得更加独立，比如，不再愿意牵着父母的手、不喜欢听父母叫自己的小名、凡事喜欢跟家长对着干。此外，他们虽然不讲道理、爱哭，但又非常依赖父母。

这个阶段，父母应该适当地给孩子一些独立空间，让他们自由探索地成长；孩子面对问题和挫折的时候，可以适当给予帮助和引导，让他们向着正确的方向前进。孩子有了想法和兴趣爱好，父母可以循序渐进地做出引导，将他领上正确的道路。但应该注意的是，不要过分强硬地跟孩子"对抗"，也不要用要求的语气跟孩子讲话，比如，"你必须这样、你不能那样"等，否则容易伤害到孩子的内心，让孩子变得更加叛逆。

3. 青春期是第三个叛逆期

通常来说，步入青春期的个体也会随之进入叛逆期。他们会快速集中地强调自己的独立性和能力，并通过与周围环境的抗衡来显示自己的价值，会过高地估计自己的能力和低估别人的力量。

叛逆的孩子通常会有一些举动，在父母眼中是特别另类的。父母抱着恨铁不成钢的态度来对待，会让孩子厌恶与家长进行交流。如果家长能够正确地认识到这个问题，就会知道该怎样去引导孩子走出叛逆期。当然，发现孩子的异常情况，立即阻止，也能将危害孩子身心健康的可能降到最低。

叛逆期是每个孩子成长过程中必须要经历的阶段，研究表明，孩子在16岁之前要经历3个叛逆期，而7岁之后的叛逆期往往更加明显，家长不要过分焦虑，孩子已经开始长大，我们只要给他们正确的引导即可。

教育智慧

你有多接纳自己，就有多接纳孩子。

对孩子说滋养心性的语言

语言蕴含着巨大的能量，攻击性、伤害性的语言可能会毁掉孩子的一生，而积极的、温暖的语言能让孩子变得自信、乐观。教育孩子，鼓励往往比其他方式更有效。

孩子成长过程中，对自我的认知绝大多数来自最亲密的人，尤其是父母的评价。被父母语言滋养的孩子，内心会出现巨大的满足感，这种满足感往往会转化为内心坚持和努力的持续动力。

马上就要开学了，轮滑课也逐渐接近尾声。经过一个假期的练习，除了一位叫李凡的小姑娘，其他十几个小家伙已经开始在场上撒欢，而李凡到现在还是滑得不太熟练。每次上课，别的小朋友学新动作，她就站在一边畏畏缩缩地看着。练习时，她也不愿进队伍，不仅家长头疼，教练也没辙。平时总能听到李凡妈在一旁焦急地喊："你这么差劲，你看人家都会滑了。""一起学的，你为啥不会，怎么这么笨啊！""笨死你算了。"

类似的话还有很多，结果是妈妈越说，李凡越不想上课，甚至最后这几节课她都没去。

一起学习的孩子家长凑在一起时，总说李凡妈对孩子要求太高，其实李凡刚开始的几节课表现还是不错的，但只要她摔倒了，妈妈就会在一旁训斥几句，慢慢地李凡的自信心就被消磨没了。

生活中，这样的事其实不少。很多家长总是无意识中将自家孩子和别人家孩子作比较，一旦发现自家孩子不如别人家孩子，就会不可避免地说几句。但你知道吗？父母无关痛痒的几句话，可能会打击到孩子一辈子的自信心。

家长积极的态度、鼓励的表情和语言，都会成为亲子交流中的一种能量，从而传递给孩子。这种能量会激发孩子用更大的热情，向父母期望的方向靠拢，从而让那些期许变成现实。

第一句："孩子，不管发生什么，我都会和你在一起，我永远爱你。"（安全感）

父母是孩子最坚强的后盾，家是最温暖的港湾。虽然孩子还小，并不能完全理解这些，但如果你能告诉他"无论发生什么，我都会一直陪着你"，孩子就会变得自信大方，积极抵抗一切失败，而不被挫折击败。

有了父母的陪伴，孩子也就有了取之不尽、用之不竭的力量，无论遇到任何事情，都不会害怕、不会慌乱，能快速清除不愉快的情绪。

陪伴的力量，看似轻微，实则强大。被爱包围的孩子，心里会更温暖，会变得更乐观自信，当然也更有安全感。

第二句："你是独一无二的，走你的路，做你自己。"（价值感）

孩子的心智发育还不成熟，他们常常需要借助他人的评价来给自己定位，所以父母不要吝啬对孩子的表扬，多肯定他们，他们才能更有自信。

另外，孩子的品德教育，不是单靠学校的品德课就能完成的，父母的榜样作用远大于课堂教授的作用。父母和孩子一起在日常生活中练习，互相监督，互相鼓励，就是最好的品德教育。

第三句："也许你是对的，我只是建议，决定权在你。"（尊严与自我负责）

每个人都渴望被理解，孩子也一样。当然，这种理解并不是对孩子所作所为的理解，而是承认孩子的情绪和感受的合理性。只讲道理，不谈感受，是很难教育好孩子的。

只有懂孩子，父母才能走进孩子的心里。没有哪个孩子内心不想成为学霸的，只是父母的催促和责怪往往让他们感到不知所措，甚至走向了相反的方向。因此，当孩子表现得不爱学习时，不妨试试这样跟他说："也许你是对的，我只是建议，决定权在你。"这种被认可和接纳的感觉，能真正推动孩子做出改变。

第四句："相信你能处理好自己的事情，如果需要，我会和你一起面对，尽我的力量陪伴你。"（自信与支持）

教育孩子很重要的一条是：我相信你。父母要真正相信孩子，把孩子当成独立的个体。要允许孩子和你不同，鼓励他有自己的选择，可以有自己的想法，可以不按照你所希望的那样去做。

父母经常对孩子说"我相信你"，就能给予他们力量，让他们在成长的过程中充满勇气，变得更加自信。

在孩子成长的道路上，父母要和孩子一起面对问题，一起分享喜悦。面对挫折，年幼的孩子很容易否定自己，认为已经没有了希望，轻易放弃，父母要用肯定的语言，点燃他们内心自信的火种，告诉他们："我相信你能处理好自己的事情，如果需要，我会和你一起面对，尽我的力量陪伴你。"

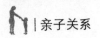

第五句："无论你做得怎么样、表现如何，你都是我亲爱的孩子，我依然爱你。"（接纳与鼓励）

孩子都渴望得到父母或权威人士的认可，父母认同孩子，尤其是孩子通过自己的努力获得成绩时，往往能推动他们更加积极、更加努力，因此你可以对孩子说："无论你做得怎么样、表现如何，你都是我亲爱的孩子，我依然爱你。"

第六句："我喜欢你这种行为，不喜欢你那种行为。这不表示我是对的，你是错的。但一切都必须自己体验并承担。"（个人化与自我负责）

一个人的成功，离不开自立自强的品格。要想培养孩子不软弱、不撒娇、独立的生活态度，需要父母不断地肯定孩子自己做主的行为，告诉他："我喜欢你的这种行为，不喜欢你的那种行为，这并不代表我是对的，你是错的。但一切都必须自己体验并承担。"同时，在鼓励中慢慢放手，让孩子自己拼搏。

💡 教育智慧

地球按照自己的方向运转，每粒种子都在按照原本的样子成长，我们要带着对生命无比的信任和祝福，轻轻地对孩子说些滋养心性的语言。

停止投射，允许孩子享受当下

现实中，存在两种典型的教育教养方式：一种是，想要控制孩子，试图让他们顺从；另一种是，接受孩子并让他们有机会带着自身的局限去进行转变。两种教育方式有着微妙且深刻的差异。

当孩子不能自由地发出他们真实的声音，而是被父母的条条框框框住时，他们便会成长为焦虑而压抑的人。

当我们感到无助或焦虑时，就会将这些情绪发泄到他人身上，这时孩子就成了代罪的羔羊。其实，这是一种错误投射。我们的情绪越不稳定，孩子越会表现出复杂的个性、不安的情绪，以及行为问题。

只有在孩子面前，我们才能表现得无所不知，拥有控制与独裁的力量。如果能意识到"这种所谓的权威其实只是我们内心软弱的象征"，我们就会重新认识自己的行为。

对孩子的控制欲根植于我们的恐惧，会阻碍孩子的成长。父母必须转移育儿焦点，从控制孩子转向支持发展孩子的体魄、情感和心智。

家长与孩子之间冲突的根源是什么？是时间概念的冲突。家长是以未来为导向的，关心的是如何达到理想中的目的。孩子们却相反，他们活在当下。

多数亲子沟通障碍都源于这个差别——一个人享受着生活的每个瞬间，另一个人却只关注往前走。孩子被允许享受当下，而不是被密密麻麻的日程推着走，他们的天赋与智慧、真挚的愿望、自然的天性与兴趣都会被激活。这些宝贵的品质，根植于孩子对生命奇迹的自然感知，以及对"生活是一场伟大冒险"的信念，绝不是源自他们对"不努力就是浪费"的恐惧。

唯有意识到自己是如何思考，以及自己倾向于如何表达情感，自己才能恢复和保持平静。忽视孩子自然发展的天性，把你的期望强加于他们身上，亲子之间就容易产生巨大的鸿沟。随着鸿沟的逐渐扩大，焦虑感就会像洪水一样汹涌而至——不仅有你的焦虑，还有孩子的焦虑。

不要对孩子的不良行为总是抓住不放，要努力发现他们日常行为中值得称道的地方。为人父母，一方面要掌握家庭教育的方法和策略，一方面还要保持稳定的情绪，有效地去执行这些方法和策略。简而言之，父母一生都需要致力于孩子每时每刻的改变和成长。

　　不要反对孩子的天性，要去平衡他们的天性，鼓励他们发展全面的个性，活出更完整的生命。很多人之所以大部分时间都享受不到与孩子之间的亲密感觉，是因为他们没有与孩子原本的样子进行沟通，没有欣赏孩子的内心，而是把自己的内心状态都投射到了孩子身上。

　　我们之所以熟悉这种内心状态，是因为它产生于我们的内心，将其投射到孩子身上，会给我们一种与孩子亲近的虚假感觉，很少有人能意识到，我们不是真正地在和孩子交流，而是在和自己的内心投射交流，那仅仅是我们心目中孩子的形象……

　　鼓励孩子做自己，独立于父母，看起来会威胁亲子之间的亲密联系，但这才是通向真正亲子联系的道路。因为只有独立的个体，才有能力与他人建立真正的联系。只有帮助孩子实现自我，而不是逼迫他们成长为家长心目中的样子，孩子才能茁壮成长。

　　对于家长而言，要做到这一点非常困难。因为这样做违背了我们的常识。我们习惯性地认为，人生是充满危险的，必须时刻保持"主动作为"的状态。因此，在一开始扮演助力者的角色，很多人都觉得别扭，有些人甚至还觉得自己背弃了家长的义务，如果不试着控制局面得到理想的结果，自己就做了错事。于是，家长们执迷不悟地将"有所作为"当作消除恐惧的良方。

然而，我们必须面对的是，自己真正拥有的控制力少得可怜，孩子的人生并不由你控制。我们需要放下这样的念头，起身离开为人父母的位置，把自己当成孩子真正的"心灵导师"。

和孩子建立最和谐的关系

在这个世界上，没有一个家长是不爱自己孩子的，但是您给孩子的爱，真的给对了吗？您真的知道爱是什么吗？

爱是赞扬，是给予，是理解，是支持，长期让孩子处于责备、掌控和各种打压中，他的童年一定是不幸福的。

每个孩子都是天才，他们来到这个世界都是有意义的。家长要善于发掘孩子的天赋，将他们培养成栋梁之材。而想做一名合格的家长，最重要的是要提升自己，修炼自己的内心。家长内心极其匮乏，就没什么可以教给孩子的。榜样是一种强大的力量，当孩子将你视为榜样时，你的教育就已经成功一半了。

每个家长的出发点都是好的，只不过没有用对方式，结果彼此都无法在和谐的关系中滋养或成长。

亲子关系存在于每一个家庭中，关系着孩子的健康发展，也影响着家庭关系的和谐。那么，该如何建立良好的亲子关系呢？

1. 父母要更新教育观念

要想建立良好的亲子关系，父母首先就要更新自己的育儿理念。

首先，父母是孩子的第一任老师，家庭是培养孩子品格习惯的地方，学校是教给孩子知识的地方，只有将两者结合起来，才能让教育作用最大化。

其次，父母要给孩子真正的爱、理性的爱，而不是溺爱，更不是毫无限度的满足和包容。

最后，成绩不是成功的唯一标准，生活中要多给孩子一些关心与关怀，多角度地衡量、了解孩子的想法并给予有效的帮助。健康快乐的孩子，他的成绩表现通常也不会差。

2. 进行高效沟通

良好的亲子关系是在相互沟通和理解中产生的。高效沟通是一门技术，需要父母不断学习、反复地实践和改进。孩子是一个独立的个体，期望得到尊重。父母要尊重孩子，俯下身来认真倾听孩子的声音，并做出有效的回应。

居高临下的沟通方式，会让孩子感到被压制，对父母的话产生抵触情绪或自动屏蔽，甚至做相反的事情。尤其是在孩子表现不好的时候，父母心平气和的沟通比简单粗暴的指责更有效果。

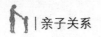

3. 有效的陪伴

有效的陪伴能让孩子感觉到安全和被关注，同时也是接受父母影响的直接途径。家长想要走进孩子的内心世界，就要向孩子展示你想让他看到、感受到和学习到的事情。

每天抽出一些时间陪孩子成长是送给孩子最好的礼物，它比任何物质的东西都有价值，这也是建立良好亲子关系的关键。

4. 让孩子理解家长的感受

良好的亲子关系需要在现实生活中不断地维护并建构。除了父母的无私付出，也要适时地让孩子理解家长的感受，彼此沟通，增进了解，一起创造和谐的亲子关系。

5. 多给孩子提供发泄不良情绪的渠道

正面情绪固然好，但负面情绪也是人生必须要面对的问题。

每个人都会有闹情绪的时候，大人都不可避免，何况是还没有学会情绪管理的孩子们。孩子们闹情绪，基本是因为跟朋友闹别扭、挨了老师批评、考试没考好、跟父母发生了冲突等。父母要给孩子提供渠道，让孩子将这些不良情绪发泄出来，比如：让他们出门跑跑步，让他们写写文章，让他们唱首歌等。

6. 家长要理解孩子的情绪和心理变化

一旦生活作息习惯、学习方式发生变化，孩子很有可能会产生不良情绪，父母要尝试接纳并共情孩子的心情，给予最大限度的理解与支持，并真实地与孩子分享自己的情绪及心理变化。这是非常重要的一点，可以为健康稳定的亲子关系打下坚实的基础。

7. 共同兴趣

培养亲子关系很有效的一个办法是培养亲子共同兴趣，父母只有了解孩子喜欢什么、对什么感兴趣，才能和孩子深入沟通，了解孩子的近况。

父母和孩子有了共同的兴趣，就可以和孩子一起做他们喜欢的事情，留下更多美好的回忆，增进亲子感情。

8. 积极地暂停

孩子闹脾气时，父母要暂时放手，保持沉默，并离开现场，给自己十几分钟的冷静期，先处理情绪，再处理问题，当自己情绪稳定之后再去面对孩子。否则，只会将矛盾激化，破坏亲子关系。同时，也要让孩子学会暂停，并告诉孩子："你可以生气，可以哭，等你生完气，哭完了，我们再解决问题。"

💡 **教育智慧**

父母要做好自己的工作和家务，不必一直"监督"孩子的一举一动。如果孩子的自律性没那么好，无法管理好自己的学习、作息时，父母就要予以"提醒"，与孩子一起制订计划，必要时予以奖惩。

唠叨，简直就是一种慢性毒药

好多家长沿袭着一套老旧的教育模式，即"说教"。可高质量的说教是父母和孩子同等对话，双方达到有效的沟通和交流，现实生活中的说教更像是父母单方面的"唠叨"，只能让孩子感到厌烦。

自从儿子上初中后，郭霞感到自己的管教越来越吃力，她一说话儿子就往房间跑，完全不想和她有过多的交流。不得不提的是，儿子成绩非常优秀，每学期基本上都在年级前十名，但最近一次因为玩游戏的缘故导致学习成绩下滑到第十五名。

暑假里，郭霞每天盯着儿子学习，只要发现儿子有松懈的情况，她就立马开始絮絮叨叨。比如，儿子吃饭的时候，她会说"吃完写两张卷子再午休"；儿子玩手机的时候，她会说"打游戏还不如背背英语单词"；就连儿子睡觉的时候，她也会说"睡前记得把数学公式默背一遍"……

结果，郭霞无休止的叮嘱和唠叨，让儿子和她的对话越来越少，这天早上她又准备开始唠叨时，儿子终于忍不住回道："天天念叨个不停，你是要逼疯我吗？"

或许在郭霞看来，她的唠叨都是为了儿子好，可偏偏这类没有质量的说教却是孩子最反感的。

对于年幼的孩子，哪怕他们讲话词不达意，大人也要耐心地与他们交谈。任何粗暴打断或嘲笑的行为，都会对孩子产生伤害，影响他们的表达能力，甚至羞于在人前开口；或许反之，令孩子喜欢不合时宜地插话以引起大人的注意。

心理专家认为，唠叨和个人的心理状态存在一定的关系。到了一定的年龄之后，人的神经系统自控能力会降低，会不自觉地想到什么就说什么。尤其是一些上了年纪的女性或本身就藏不住话的人，更喜欢唠叨。但经常唠叨的父母，会给孩子树立一种行为模式。孩子长期生活在这种环境中，就容易在不知不觉中受到影响，不自觉地重复父母的模式，长大后可能就会对自己的伴侣和孩子采用同样的方法进行沟通。

家长的唠叨背后是期望，是担心，是爱，是怕孩子走错了路，是怕孩子不吸取教训，是怕孩子不懂得照顾自己，是怕孩子未来无法过上更好的生活，结果却往往适得其反。父母的唠叨带给孩子的不是美好，而是魔咒。这个魔咒的力量甚至还非常强大，你越唠叨什么，孩子越发生什么，于是你便唠叨得更多……由此，就会造成恶性循环。

心理世界的逻辑很奇特，你相信什么，就会有什么结果发生。将你的情绪专注在正面事物上，就会带你走向正向的结果。同时，你担心什么，也极有可能会发生什么。将你的情绪专注在负面事物上，就会把更多负面事物带进孩子的生活。

父母对孩子的唠叨，一般都关注在负面的经历和结果上，这恰恰说明，在你内心深处根本就不信任孩子。唠叨孩子的学业，是不相信他有足够的自控能力，能够主动学习；唠叨他没有添加衣物，是不相信他自己能体会冷暖；唠叨他的朋友，是不相信他鉴别朋友的能力……

唠叨是一种负面的暗示，会让事情真的变得无比糟糕。因此，与其整天担心孩子，不如相信他有能力过得很好。父母真正的祝福，就是坚信每个孩子都有能力走好自己的人生之路。

人生是一场心理游戏，你是自己的导演，你怎么想，故事就会按你想的方向发展。同样，我们也要让孩子做自己生活的导演，因为这是他的人生。作为家长，我们不应该做督察员，而应该做个教练。

💡 教育智慧

孩子最烦家长事无巨细地询问和唠叨，有些孩子不爱搭理人，但并不代表他们没听见家长的话。因此，家长不要没完没了地重复一番话直到他们有反应为止，否则会引起孩子的反感。

心中的伤痕并不能因一句话复原

现在很多小学生都面临同样的烦恼：严重超负荷、超年龄的学习压力，没完没了的作业，挤压了他们的童年，孩子一边做作业一边哭，这时有的父母就会再次给孩子施压，软硬兼施。

其实，这样做只会给孩子内心造成二次伤害。

这天晚上出去散步，路过广场旁边的一单元门口，黑暗中，听见一位妈妈呵斥儿子："说了还不长记性，你脑子干什么吃的？"

孩子低声请求道："回家说吧。"

妈妈不依不饶，"知道丢脸就别犯错。"

在人来人往的广场上，孩子面子上肯定挂不住，最后独自走进楼梯。

孩子犯错，妈妈纠正很正常，可是这样不分场合，随意批评，真的会有效果吗？父母逞一时的口舌之快，会给孩子造成巨大伤害。

我们每天付出什么，我们的生命账户与孩子的生命账户就会存进去什么。你每天的所言所行皆是指责和批判，你和孩子的账户里就会存进去更多的责骂和批评。在你的生命中一旦发生任何事情，首先取出来的就是这些坏情绪，因为你的账户里没有别的，你也只能在这种负能量的生命模式里打转受苦，无限循环。

如果输送的是爱，就能存进去更多的爱，取出来的时候也是爱，你和孩子也就成了最大的受益者。

管不住自己的人，通常都喜欢管别人。在怨气中管教孩子，逞一时之快，说出伤人心的话，会一次次戳伤孩子的心，清醒过来后悔自责，即使跟孩子道歉，孩子心中的伤痕也不能因一句话而复原。

父母要入孩子的心，不能扎孩子的心。做智慧父母，语言友爱与和谐，孩子才会慢慢靠近你，你才能走进孩子的心。父母无法与孩子进行良好沟通，用固有的方式来看待孩子与自己，连自己都看不懂，又怎能看懂孩子？

孩子们都期待父母的成长与他同频，如果长时间觉得你看不懂他，他的心就会对你慢慢关闭，因为他知道和你分享任何东西都是徒劳，只是浪费彼此的时间而已。这时候，他们就会打心眼里疏远你。

很多时候父母明明想跟孩子表达爱，却在无形中给孩子带来了伤害，以下就是父母以爱为名伤害孩子的几种行为。

1. 故意打击孩子

中国人好谦虚，这一点在教育孩子这件事情上常常表现得淋漓尽致。比如，"妈，我考了98分。""得意啥，王叔叔家孩子还考了100分呢。"

"妈，老师夸我的画画得好。""你这还差得远呢，不能骄傲，知道不？"

"你们家孩子长得真漂亮。""哪儿漂亮了，长得那么黑，一点都不好看。"

……

其实，当时我们心底有个声音是："嘿，我家孩子真厉害。"

可是，嘴里说出来的却是"你不行"。有些人甚至还会给自己的行为找个看似合理的理由：我要是不打击他，他不得骄傲上天了。

但孩子年幼，根本就不会区分事实和笑话，他们会对父母说的有关自己的话深信不疑，并将其变为自己的观念。经常被父母否定的孩子，他们会真的认为自己如父母说的那样，什么都做不好，或者自己永远也没有别人优秀。即使成年后获得一些成功，也会在内心否定自己，认为自己根本不配拥有这些。

所以，当孩子获得进步时，请不要吝惜你的表扬，要多对他说"你真棒"，少对他说"你不行"。

2. 不允许孩子落后

自家的孩子"落后"了，哪个家长不焦虑？可绝对不允许这样，真的是为了孩子好吗？

有一对夫妻，两人都毕业于重点院校，现在都在跨国公司做高管。两人靠着自己一路努力拼搏，才取得了今天的成绩，因此他们对孩子的教育也特别"上心"。为了给孩子选择最好的早教中心，他们对各种兴趣班费尽心思，只要发现孩子在某方面不能满足他们的要求，他们就会找最好的老师到家里进行一对一辅导。

他们努力为孩子提供最好的学习和生活环境，甚至连家里的阿姨，都要求本科毕业，会讲流利英文。孩子上幼儿园期间，确实表现出过人的聪慧，在别的孩子连话都还说不清楚的年纪，他已经可以用英文与外国人进行正常交流；在别的孩子还在背"曲项向天歌"的时候，他已经在诵读《诗经》。

看到同龄妈妈羡慕的目光，夫妻俩更加坚定了自己的信念：自己的孩子完全可以超越自己，成为明日之星，于是对孩子的要求越来越严格。

三年级的时候，孩子参加了一次英文演讲，力求完美的父母要求孩子一定要拿到第一名。然而，孩子太过紧张，站在演讲台上，不仅忘了词，还出现了结巴等问题。

寄予太多期望的妈妈，对孩子好一顿抱怨。爸爸认为孩子发挥不好，是临场演讲经验不足，还为孩子报了演讲技巧班……但是，慢慢地，他们发现孩子变得越来越不愿意在公众场合讲话，学习成绩也出现了严重下滑，甚至常常会做噩梦。

昔日的榜样，如今成了"落后"分子，这是夫妻俩所不能允许的，"奋起直追"的他们轮番对孩子进行了一轮轮的"补课"。终于有一天在课堂上，孩子的肌肉不受控制地开始抽搐，送到医院后，医院诊断为抽动症。

拿到诊断书的那一刻，妈妈哭得痛不欲生……

哪怕孩子不够优秀，又能怎样？成功与优秀，本身就没有固定的标准。孩子来到我们身边，并不是为了我们而来，终究是为了成为他自己。作为父母，我们的首要任务就是接纳不完美的孩子，不管孩子是"优秀"，还是暂时"落后"。

3."为你好"是一场代际传承的情感暴力

在我们身边，常常会出现这样的场景：

看到孩子作业字迹不工整，妈妈撕了孩子的作业本，告诉孩子："我都是为你好，才撕了你的作业本。"

孩子考试成绩不理想，爸爸打了他一顿，边打边告诉他："我都是为你好，才打你的。"

父母打着爱的旗号告诉孩子：打是亲骂是爱，我们打骂你都是为你好。"我都是为你好"这句话会像一把心锁束缚住孩子的内心，成为控制孩子的利器。

其实，最理想的父母，是真心爱护子女的父母；其次是不爱子女，自己也意识到这一点的父母；最差的则是不爱自己的孩子，却认为自己深爱着他们的父母。

父母以爱的名义对孩子实行情感暴力，孩子就会像蝴蝶跌入蜘蛛的网，苦苦挣扎却毫无办法。

4. 没有界限的爱有毒

父母与孩子都是独立的个体，但是在很多的家庭里，家长认为孩子是自己的，自己也是孩子的。

这样的家庭通常以孩子为中心，父母将自己所有的幸福来源都建立在孩子身上，与孩子长久地捆绑在一起。由于自己付出的太多，便很难从亲子关系中得体地退出，即使孩子已经长大成人，有些父母还会对他们进行无边界的关爱，让成年后的孩子充满无奈和抗拒。

母亲各种密不透风的"爱"，会让孩子充满压力，却无力抵抗。

5. 没有回馈的家是牢笼

在一所小学里，针对三年级以上的孩子做过一次调查，当被问到"孩子最不能接受的父母的行为是什么？"时，工作人员发现，最让孩子觉得害怕的，不是父母的严格要求，也不是打骂，而是父母的冷漠。下班回到家，手机不离身，电视机旁挪不开腿，自认为自己在家陪着孩子，其实却是把自己献给了手机和电视。

和孩子同在一个屋子里，却各玩各的。面对孩子的陪同要求，不耐烦地挥挥手："去去去，我忙着呢。""你自己玩去吧，爸爸再打一局。"

孩子尝试与父母诉说自己的苦恼，也会被父母粗暴地打断："你怎么那么多事，还不抓紧写作业去。"

孩子闭上了向父母倾诉的嘴，也就关上了向父母敞开的心。孩子远比我们想象中的更爱我们，也远比我们想象中的更需要我们的陪伴，我们看似随意的一挥手，在孩子看来，往往就是我们不再爱他的一种表现。

教育智慧

得不到父母情感回应的家，于孩子而言，就如一潭死水。子女既不是为了我们而来，我们也不完全是为了孩子而生。父母与孩子之间的爱，不是为了满足控制的欲望，更不是为了满足披着爱的外衣的道德绑架。孩子是自由的，需要被尊重。

第三章　给孩子真实的爱

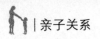

溺爱是掌控，给孩子正确的爱

当下，父母们面临着很多教育方面的困惑，比如，溺爱和爱，是不同的两种爱，结果完全不同。前者是伪爱，后者是真爱。伪爱是无明的爱，是自己当下意识中以为的爱；而真爱是自己已经读懂了爱的真谛，活在爱中，给出的爱。

自己没有领悟爱、读懂爱，给了孩子错误的爱，孩子就容易产生叛逆心理。然后，为了推卸责任寻找理由，父母就会把责任推给孩子，让孩子认为他不配得到更多的爱。其实，爱给得越多，孩子越不听话，并不是事实。

每个孩子都是天使，孩子是带着使命来成就我们的，能够唤醒我们无条件地爱自己及他人。父母勇于面对和反省，才能真正从迷茫中走出来，领悟爱、学会爱、读懂爱。

父母既爱自己，也给孩子正确的爱，彼此就能活在爱中，就能在人生的旅途中彼此成就、共同成长。

让爱在亲子关系中不断流动循环，是我们想要的结果。如果孩子能从父母那里感受到这样无私的爱，就不会叛逆，不会跟父母作对，更不会伤害自己、伤害父母或危害社会。

你是如何理解溺爱的？你感受过溺爱给孩子带来的伤害吗？

你是如何理解爱的？在生命旅程中，你是怎么使用爱，怎么爱自己及爱他人的呢？

爱孩子是件好事，但过度的爱很可能会变成溺爱。这种畸形的爱，会让孩子产生"窒息"的感觉。

溺爱不是爱，而是害。从某种意义上说，真正毁掉孩子一生的，不是游戏，不是贪玩，而是父母对孩子过度而没有节制的溺爱。

在溺爱中长大的孩子，只懂得一味地索取，永远也学不会感恩，这也是一个家庭最大的悲哀。

1. 什么样的爱是溺爱

溺爱，既是一种自我牺牲的爱，也是一种懒惰的爱。被溺爱的孩子，要么会缺失自我，失去本身对生活的主动意识和敢于亲身实践获取幸福的能力；要么会时时刻刻处在一种高度自恋的状态，并随着年龄的增长无限膨胀，最终成为别人的噩梦。

在溺爱中长大的孩子成家之后，还可能把自己的孩子作为自己人格缺陷的弥补和已有人格的延伸，继续这种错误的教育方式。

那么，什么样的爱是溺爱？溺爱大致可分为以下几种。

一是过分关注。孩子在家庭中的地位高人一等，处处被特殊照顾，好东西只给他一个人吃，甚至爷爷奶奶可以不过生日，孩子过生日却要买大蛋糕，送礼物……

在现在的家庭中，很多孩子都是独生子，生活中长辈完全以孩子为中心，让孩子变成了"小太阳"，万事以"我"为中心。

二是无条件的满足。孩子要什么，父母就给什么，有的父母还给孩子大量零花钱，纵容孩子没有规律地饮食起居、玩耍；有的父母会给孩子本该做的事附加好处，例如，为了哄孩子吃饭睡觉，答应给孩子买零食或玩具等。父母的迁就，让孩子稍不顺心就以哭闹、不吃饭来要挟父母，溺爱的父母就只好哄骗、投降、依从、迁就，答应孩子一切无理的要求。

三是为孩子包办一切。有些妈妈觉得自己疼孩子都来不及，更不忍心让孩子劳动。有的家长则认为，孩子做事笨手笨脚很麻烦，不如帮他做了，于是他们为孩子包办了一切。结果，三四岁的孩子还要大人喂饭，五六岁的孩子还不会做任何家务，甚至有些孩子上了大学，生活都不能自理，还需要父母陪读。

四是过度袒护孩子。为了安全，一些家长不让孩子走出家门，也不许他和别的小朋友玩。爸爸管孩子，有时妈妈会袒护："孩子还小，不懂事。"或奶奶会站出来说："不能要求太高，你们小时候还不如他呢。"强大的保护伞和避难所，给孩子犯错提供了温床。

2. 溺爱会带来哪些危害

家长是唯一一个不需要培训就能上岗的"职位"，所以很多新手爸爸妈妈根本就不了解溺爱会给孩子带来哪些消极的影响，或者说给孩子的生活带来什么样的危害。

被溺爱的孩子在学习、生活、情感和社会能力上会有很大的缺失。由于家长溺爱孩子，孩子的许多能力就会被掩盖，无法得到施展和进步，孩子容易产生一种依赖心理，因为只要是自己不会做的爸妈就会帮着做。

很多孩子都不会做家务，因为长辈并没有让孩子养成参与做家务的习惯。到了学校，真正需要自己独自面对一些问题时，他们就会变得束手无策。

被溺爱的孩子不容易合群。进入集体生活，他们不会尊重老师和长辈，不关心同学，不爱劳动，以自我为中心，不关心集体等。即使犯了错，也不会承认自己的错误；与其他孩子发生矛盾冲突时，他们不会反省自己，个别家长甚至还会袒护孩子，以致孩子很难教育，从而变得自私，无法与他人和谐相处。

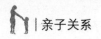

3. 怎样才能做到不溺爱

家长其实并不想溺爱孩子，也希望孩子能自立、自强、自主学习，却不自觉地让爱成了溺爱。那么，怎样才能做到不溺爱？

首先，家长要设定界限，让孩子明白，父母不允许他们超越界限。界限一旦设定，不管在什么时候，孩子都会对自己的行为进行审视，看看是否超出了父母给定的界限。因此，在学习和生活上，家长应帮助孩子养成有利于身心健康的生活和学习习惯，比如，按时起床、睡觉，按时吃饭、做作业等。

其次，让孩子懂得父母的辛苦，比如，在和孩子的交流中，父母可以给孩子讲述一些工作上的辛苦，告诉他们幸福生活来之不易等，不要让孩子觉得现在所享受的一切都不需要奋斗，要让他们从小就懂得"只有努力奋斗，才能过上自己想要的生活"。同时，还要鼓励孩子自己的事自己完成，引导他们参与家务劳动，及时肯定和表扬，创造愉快的劳动氛围，与孩子一起快乐做事。

再次，鼓励孩子勇敢面对挫折。事事包办，孩子的依赖心理、畏惧心理就会随之而生。在孩子具有行为能力时，父母应鼓励孩子多做点力所能及的事，养成良好的行为习惯。此外，还应鼓励孩子有自己的想法，并支持和陪伴孩子一起去实现。

失败时，应当教会孩子正确面对失败和挫折，并树立起越挫越勇、坚持不懈的正确人生观。

爱的本质是要给孩子自由、宽容、欣赏。

溺爱不是爱，是披着爱的外衣的占有和控制。给孩子自由，培养其独立性，基础和前提是信任孩子。

想培养独立自主的孩子，培养快乐幸福的孩子，就要给他自由和宽容。

要想让孩子健康成长，就要给他自由、支持和信任，在父母的正确指导下，让孩子自由地走在自己的人生路上。

唤醒孩子的感恩之心

我曾看到过一个令人愤怒的视频。

在某城市的一处街头，一个身穿校服的少年与母亲发生了争执，竟动起手来殴打母亲。母亲不停地躲避，但依然多次被少年打倒在地。

她好不容易挣脱开向小区跑去，又被少年追上拉扯，又是一番更加激烈的拳打脚踢。

路人看不下去上前劝阻，反倒被少年破口大骂。一位男子实在看不下去，一把抓住他的头发，逼他跪下向母亲道歉，并怒斥："你母亲好不容易把你养这么大，你是怎么孝顺的？"

最后迫于众人的压力，少年不得不向母亲道歉，扶着母亲回家了。更令人唏嘘的是，挨打的母亲，除了躲避，既没还手，也没责备男孩。

这个结果看似圆满，可是男孩真的意识到自己的错误了吗？答案是不一定。

父母为孩子付出了全部，却把自己变成了孩子最恨的人。对于父母来说，最大的悲哀，不是贫穷，不是争吵，而是养出了不懂得感恩的孩子。

孩子脾气暴躁易怒，性格叛逆，跟父母争吵，顶撞父母甚至辱骂父母，究竟是谁的错？羊尚且有跪乳之恩，乌鸦尚且有反哺之义，可被我们捧在手心里的孩子又做了什么？

孩子不懂感恩，原因何在？深层次的因素是家长，孩子不懂感恩就是家长在推动摇篮的时候没唱好摇篮曲。

1. 在缺乏关爱的环境中长大的孩子不懂感恩

孩子从小缺乏关爱，长期被父母忽视，就容易出现自卑心理，性格懦弱，有时会显得暮气沉沉。他们漠视周围的环境，包括别人对自己的付出，还会因为不自信导致不愿意亲近别人，甚至包括自己的父母。有时候看到别人对自己的好、对自己的付出，他们可能也想表示感谢或者报答，但是由于自卑或者不自信而讷于言语或缓于行动，就会错失掉表达机会，当然也有很多时候是他们不愿意表达。

2. 在歧视和辱骂中长大的孩子不懂感恩

有些家长在社会上或家里得不到别人的尊重，又渴望得到尊重，有了孩子以后，就把这种期望寄托在他们身上，希望他们能处处为自己争光、撑面子。家长的这种欲望越强烈，得到的结果往往越不理想，因为孩子根本就不可能事事都达到父母的期望。而孩子只要达不到父母的要求，父母就对他们破口大骂，甚至辱骂，把自己的不如意发泄到他们身上。

从小生活在歧视的环境中，家长漠视孩子的独立性和尊严，同时又对孩子一遍又一遍地强化这种思想，孩子无法从父母那里感受到温暖，只能感受到世态炎凉、亲情不再，长此以往就容易形成人情淡薄、仇视社会的心理，自然也就不会有感恩之心。

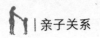

3. 在自成天地的环境中长大的孩子不懂感恩

有些家庭因为这样或那样的原因，环境比较封闭。比如，孩子3岁时父亲去世，母子相依为命。母亲一个人将孩子抚养长大，给了孩子尽可能多的陪伴，却对其他事情漠不关心。母亲将全部精力都放在孩子身上，孩子也很争气，考上了理想的大学。这时候，孩子本应该感恩母亲，但却很少回家，即使寒暑假也很少回来看母亲。原因何在？因为在这种封闭的环境中长大的孩子存在一定的性格缺陷；为了实现别人的目标而奔跑的孩子缺少少年时的快乐，缺少同龄人的生活，容易少年老成。在成长的过程中，他们没有欣赏人生沿途的风景，感受不到欢笑与恩情，他们的生命是贫瘠的、荒芜的，当然也难以给别人爱和温暖。

4. 在袒护中长大的孩子不懂感恩

有一户人家，家境殷实，只有一个儿子，抚养孩子的方式是"溺爱＋袒护"。"溺爱"就是孩子要什么他们就给什么。"袒护"则是孩子犯了错，他们不是让孩子负责，而是找别人的错误，比如，孩子在家里把碗打碎了，父亲就训斥母亲；孩子和别人家的孩子一起挖邻居家的萝卜、摘树上的果子，父亲不教育自己的孩子，而是骂别人家的孩子把自家孩子带坏了，骂别的家长对孩子管教不严等。这个孩子长大后，不仅不孝顺自己的父母，反而还对他们拳打脚踢。

5. 在溺爱中长大的孩子不懂感恩

溺爱对孩子最大的伤害，是可能毁掉孩子的未来。

孩子小时候被家长溺爱，长大非但不懂得感恩，还很容易成为"啃老族"。小时候自己只要一哭一闹父母就会妥协，当他们走上社会后，看到自己使用多年的办法突然不管用了，他们不仅会怨恨父母，还会仇视社会。

孩子的成长，家庭是第一站，父母是第一任老师，孩子不懂感恩，问题多半出在父母身上。心怀感恩的人，不仅能够珍惜现在自己所拥有的一切，对帮助过自己的人也会心存感激。

不过，对他人心存感激虽然是人类的一种思维方式，也是人类具有的一种能力，但这种能力并不是与生俱来的，需要通过后期的教育，让孩子不断形成这种思维。孩子不知感恩，即使其他方面再优秀也没用，这对于一个家庭来说毫无益处。

🔆 教育智慧

要想解决孩子没有感恩之心的问题，首先就要解决自己感恩之心的问题，给孩子做出好的榜样。孩子的问题根源都在父母身上，父母做到了，孩子自然也会潜移默化地受到良性影响，这也是最核心的方法。

养出内心富足的孩子

内心富足的孩子，通常都爱自己，既能看到自己的优势，也能平和地接纳自己的不足，不会一直纠结自己哪里比不上别人，更不会攀比或忌妒他人。

他们思想更独立、眼界更开阔，能够坚定地朝着自己的目标努力；他们不会随波逐流，有足够的心理承受力和底气，能够淡然地看待挫折与失意，对人生总是充满自信和希望。他们精神世界丰富充实，会给予他人爱和关怀、能够付出、懂得承担责任，可以收获很好的人际关系和情感体验。

但现实中，很多孩子却内心匮乏，有的缺爱，有的缺乏认同，有的精神世界空虚，活得痛苦而挣扎。因此，父母不仅要重视孩子的学习，更要培养他们有力量的内心，让他们不管在何种境况下，都有能力过好每一天，体会人生中的幸福。

那具体应该怎么做呢？

1. 给孩子爱和安全感

在我们的一生中，每个人都有一项最基本的需求，那就是感觉自己被爱、有安全感。在孩子成长过程中，尤其是0~6岁阶段，是建立安全感的关键时期，而父母是这份安全感的来源。

孩子年龄越小，越需要无条件的爱和关注，父母及时满足他们的合理需求，积极地做出回应，孩子才会觉得世界是安全的，自己的存在是有意义的。

内心缺乏爱，孩子可能就会养成各种不良的行为习惯，比如，游戏成瘾、内向胆怯、性格抑郁、情绪暴躁等，这些都不利于他们的身心健康。

家里的物质条件好不好，孩子可能不太在意，他们最在意、最敏感的是父母给自己的爱和关注。给他们买再多的玩具，也比不上父母一次温暖的拥抱。因此，在孩子需要你的成长期内，要珍惜这种情感，多花时间陪陪他们，用各种方式向孩子表达你的爱。

2. 表达接纳、认可和欣赏

现实中，有些人一辈子都在讨好别人、否定自己，他们不敢停下来，活得很累、很苦。究其根源，他们这样做的目的就是为了寻求别人对自己的认可。

孩子童年时期，父母对他们的评价会深刻影响他们对自己的认知。如果父母对孩子缺少肯定，总是打击、否定和批评他们，渐渐地，他们就会认为自己一无是处，自我价值感低，丧失自信。想让孩子独立、自信、自律，就要接纳和欣赏孩子，而这也会直接影响孩子的自我价值感和行动的积极性。

生活中，当孩子表现好的时候，不要吝惜你的表扬，要通过多种方式表扬他们，比如来个拥抱、奖励一个小礼物等；当孩子犯错、遇到挫折的时候，也不要过分苛责，要鼓励他们重新振作，想办法解决问题，重获自信。

被接纳、认可的孩子往往会相信自己是有价值、有力量的，他们懂得爱自己，会向着更好的方向努力，也不容易被困难打倒。

3. 不把生活的沉重感给孩子

有些父母担心给孩子花钱会骄纵了他，为了让孩子懂得生活的艰辛，勤俭节约，总是跟孩子哭穷，说自己家里很困难或故意不满足孩子的需求。

孩子合理的需求得不到满足，甚至被父母斥责，他们就会觉得自己有需求是不对的、不应该的，自己配不上美好的东西。抱着这种心理长大的孩子，要么会陷入物质的旋涡，倾心于对金钱、名牌和奢华的追求；要么舍不得花钱，只要买贵一点的东西，就感到焦虑或心疼。

不管家庭条件怎样，父母都不要用物质的贫乏束缚孩子的心。不管能不能满足孩子，都应当给他们传递这样的信息：你的需求是合理的，你值得一切美好的事物。

记住，父母对待生活的态度，会深深影响孩子以后的人生观和价值观。

4. 带孩子在真实世界中经历和体验

休息时间，很多孩子除了完成学业，其他时间都在虚拟世界中度过，游戏、上网、社交，缺乏真实的生活经历。而事实证明，孩子的生命体验越多，眼界才能越开阔，情绪的感受才能越多样，内心也会愈加豁达和富足，这样才能在生活中感受到更多的美好。

缺乏这种体验的孩子，只能生活在虚拟的世界中，缺乏对人、事、物的真实感知，这对他们的成长非常不利。须知，体验是孩子一生中最大的财富。

5. 培养孩子的兴趣爱好

在枯燥平淡的生活中，有几件自己喜欢的事情做，有一个或多个兴趣爱好，对孩子的一生都会产生积极的影响。比如，可以丰富孩子的课余生活，让孩子的生活不再单调；这不仅可以疗愈孩子的心灵，也能让他们获得更多的快乐。

从孩子小时候开始，家长就可以留意他们对什么感兴趣，多和他们交流沟通，为他们提供条件，或给他们报几个兴趣班，鼓励他们在学习和体验中，找到自己最喜欢的事情，发展兴趣特长。

6. 生活中适当的仪式感

日常生活中，偶尔的仪式感会给孩子平淡的生活增添色彩，和重要的人创造美好的记忆，比如，用心给家人准备的生日礼物、每周末固定的家庭聚会、见面时的一个拥抱、睡前的一声晚安……

当然，这样的仪式感并不在于家长花了多少钱、刻意追求某种形式，只要认真对待自己和身边人，热爱生活即可。再简单的仪式感，也会唤起孩子心中的爱。生活态度积极向上，未来不管遇到什么事情，孩子都不会敷衍，不会浑浑噩噩，他们会好好爱自己，更好地享受每一天。

教育智慧

要想培养出一个内心富足的孩子，不是一件容易的事，这也是对父母内心的一种修炼。父母要不断地学习，懂得爱自己，认真对待生活，不断丰富自己的内心。

最好的教育是开启孩子内在的力量

教育，很容易走向两个完全相反的方向：一个是给别人戴上思想的紧箍咒，让别人在标准和评判的囚牢中恐惧不安；一个是为别人解除心灵的紧箍咒，重获自由，绽放与提升自己。

你接受的是哪种教育？

你想要的是哪种教育？

你希望孩子得到哪种教育？

我倒认为，孩子开心最重要。

如果孩子告诉你，他将一个价值几万元的古玉搞丢了，你会怎么做？

其实，如果孩子在这时能够得到理解和安慰，就能被最大地疗愈。事情已然发生，你会怎样引导他呢？父母当下的心态、心境和智慧会对孩子做出完全不同的引导，得到的结果自然也会有所不同。

哪些幸运的孩子能得到父母的理解与支持呢？

孩子的内心幸福是最重要的吗?

父母要引领孩子建设强大的内心,培养他们创造幸福的能力,做自己生命的主人。同时要告诉孩子:无论你在哪里,无论你在做什么,首先要选择自己喜欢的,以玩的心态去体验,做什么不重要,只要生发了幸福感就是值得的。

父母内在的成长才是孩子最好的学习榜样,自己都没有开启内在力量,生命状态一会儿有电一会儿断电,如何给孩子力量?

家庭教育说难也不难,说易也不易。如果孩子内心软弱,遇事不知道怎么解决,父母该怎么引导?这里就给大家介绍几个让孩子内心强大的方法。

1. 对孩子进行正能量培养

内心强大的人,心里不容易产生负面情绪,他们一般在童年时期就接受了各种正能量。

有人说"好孩子都是夸出来的",这句话确实有一定的道理。孩子从小接受正能量,长大后才能抵抗得住外界各种负能量的侵袭。所以,作为父母,想让孩子成为一个什么样的人,就朝着那个方向去夸他。

为什么有的人越夸越骄傲自满,有的人越夸越自信强大呢?这就涉及方法的问题了。父母可以通过正能量的语言和心理暗示,让孩子相信自己很棒，别人能做到的，自己也能做到，或者能做得更好。一味地夸奖、纵容，只能让孩子忘乎所以，自高自大。

在孩子遇到困难和挫折的时候，可以告诉他，你是最棒的，你可以做得很好，失败了也没关系，总结一下经验，重新再来一次。慢慢地，孩子就能形成自信心和自尊心，在以后的人生路途上，才敢直面坎坷，充满正能量和幸福感。

2. 提高孩子的自我修复能力

不管是在生活中，还是在学习、工作中，压力和挫折无处不在。内心强大的孩子，除了会充满正能量，不容易产生负面情绪，还会对生活中受到的各种伤害有超强的自我修复能力，能够迅速摆脱受伤害的烦恼，恢复自信。

事实证明，自我修复的速度越快，修复能力越强，孩子的抗挫折能力和抗压能力就越强。这种自我修复能力的培养，需要父母对孩子进行正确的价值观和认知感引导，让孩子正确看待挫折和压力，用合适的方法，化解内心的压力和冲突。

如果把正能量培养看作是感性培养，那么自我修复能力的培养就是理性培养，可以让孩子变得阳光而理性。

3. 遇到困惑，及时给予帮助和支持

没有社会经验的人，在进入社会以后，很容易遇到各种不解

和困惑，这种解决问题的经验在学校里根本就学不到，这时候，他们就需要得到有社会经验的家长的引导，或者从书本上获取相关知识，帮助他直面人生的各种困惑。

对于孩子来说，当他们遇到让自己感到困惑不解的问题时，往往更需要家长指导他们面对各种困惑。如果父母自己也不懂，就只能通过书本去提升自己了。

4. 培养孩子的柔韧性

道家有一种思想叫以柔克刚。在这个世界上要想生活幸福，就要学会能屈能伸。该强则强，该弱则弱，不能一味地逞强。内心强大的人，都具有让自己与周围的环境和谐共处的能力。所以，要让孩子温柔地与这个世界相处，不要总是跟孩子剑拔弩张，更不能把自己弄得紧张兮兮。该坚强的时候，毫不退缩；该示弱的时候，不要逞强；能屈能伸才是大丈夫，太刚的东西总是容易折断，跟生活过招，就要像打太极一样，顺势而为，四两拨千斤，该柔则柔，该刚则刚。

5. 永远保持一个良好稳定的心态

世界无时无刻不充满着变化、诱惑和打击，内心不够强大的人，往往容易情绪不稳定，失去自我，在生活中犯错和迷失方向。

有句话说，人最大的敌人就是自己。要想掌控外界，首先就要掌控自己的内心，因此我们要培养孩子保持稳定的心理状态。

当然，也不是说让孩子什么事都忍着，而是要教会孩子当内心出现不良情绪的时候，合理地发泄和化解，比如，散步、练拳、书法、舞蹈、音乐等。最主要的是，要给孩子确立一个远大的理想。因为心中有着远大理想的人，不会为生活中的一些小事苦恼，不会轻易受到外界的干扰，反而会很自律地专注于自己努力的方向。

6. 培养孩子独立自主的能力

有些家长把孩子当成温室里的花朵，小心翼翼地为孩子的成长保驾护航，对于孩子提出的物质上、精神上的各种要求，他们会百依百顺，这样做最直接的结果就是孩子的独立性差。

年幼的时候如此，长大之后的他们也不会有所改观。不管做什么事，孩子都依赖他人，不敢做任何选择，不敢做任何事情，害怕出错，害怕承担责任，这样的孩子永远都长不大。而要想杜绝这种现象，就要在孩子还小的时候，让他们独立地做自己能力范围以内的事情，即使跌跌撞撞，也要鼓励他们勇敢地爬起来；只要是孩子能力范围内的，就大胆放手让孩子去做，不要怕他们犯错误。

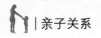

7. 培养孩子的自我学习能力

孩子不能自控，不能自律，学习一定要家长和老师督促才去完成。自学能力不强的孩子，一般都无法掌握更多的技能，进入社会以后，没有独立工作的能力，没有独立的资本，连生活都不能保障，也很难让内心强大。因此，要让孩子清楚地认识到，现在努力学习，是为了以后进入社会时拥有生存的技能，是为自己而学，不是为别人而学。

8. 增强孩子的自我保护意识和能力

这个世界到处充满了危险，有些看似美好的东西，一旦触碰，却极易受到伤害，比如，抽烟喝酒、甜言蜜语、物质诱惑等。要让孩子懂得，这个世界既是美好的，又处处充满意外和伤害，要学会保护自己，遇到危险可以自救、摆脱危险和伤害。只有拥有了这种保护自己和及时止损、摆脱伤害的能力，才会让自己的内心变得更加强大。

教育智慧

最好的教育是开启孩子内在的力量。给予孩子外在的建设越多，孩子内在的力量就会越少，如果孩子内在的力量无限强大，内心愉悦富足，孩子就不容易被外在的事物压倒，更不会在一件事中持续痛苦。

给孩子正确的引导，培养孩子的情商

情商是经营各种情感关系时所发挥出来的智商，情商低的人，往往不会经营各种关系，只有情商高的人，才能做到这一点。关系是获得幸福的重要因素，所以对孩子来说，提升情商特别重要。

孩子的问题就是父母的问题，孩子需要成长的部分，父母更应该成长。现实中，很多家长与孩子的沟通都起到了反作用，成为恶化亲子关系的导火索，问题到底出在哪里呢？根源就在于，你认为自己是父母，是权威，忽视孩子当下的需求，给了孩子错误的引领，没给孩子想要的爱与支持，即使是在跟孩子交流时，也总是摆出一副高高在上的姿态。这时候，孩子会将自己的心封闭起来，自然就听不进你接下来所说的话。

智慧的父母内心和谐友爱，会认真聆听孩子的需求，给予孩子正确的引领与支持，做孩子的榜样与支持者。以成就孩子的心去和孩子交流沟通，孩子就能收获你对他的爱。当你不是孩子的权威，而是孩子的榜样与朋友时，就能实现真正且有效的沟通。

人生除了生死，其他的都是小事。生死面前，金钱地位不再重要，鸡毛蒜皮的争吵也没必要，用吼、打、骂的方式教育孩子，并不能教育出你想要的优秀孩子。只有用正确的方法来爱孩子，给他们正确的引领，才能为孩子的生命系统注入无限的财富。

情商是什么？是一个人的自我情绪觉察及管理、理解他人情绪、创造共赢人际关系的能力。简而言之，就是感触、感动和感悟的能力。

在孩子小的时候，很多父母除了生活上事无巨细地照顾，最在意的就是孩子的学习，至于情商教育，却被他们忽略了。但大量事实告诉我们，对孩子进行情商教育，越早越好。

下面几点，家长可以对照着观察一下自己的孩子，看看他们身上有没有这些品质。如果有，就多激励、多表扬；如果没有，就需要花精力去好好培养了。

1. 不指责、不抱怨

指责和抱怨都带有不良情绪，会传染给别人，高情商的孩子，从来不会指责、不会抱怨，他们只会做有意义的事。比如，有些孩子哪怕考得不好，也不会找各种借口，例如：超纲了，粗心了……他们只会安安静静地把试卷分析一下，找出问题，解决问题，根本就不会在没意义的事情上纠缠不休。而认真分析试卷就是有意义的事情，因为他们知道，在借口上纠结，对于问题的解决毫无意义。

2. 有包容心、宽容待人

"心宽天地宽"，讲的就是这个道理。现实生活中，有些幼儿园的小朋友被比自己小的孩子欺负后，会说出：他比我小，不懂事，我要让着他。其实，这就是孩子有包容心、宽容待人的表现。那如何才能让孩子拥有包容心呢？

宽容待人，有包容心，都和孩子的眼界相关。从小被关在笼子里，在一个地方兜兜转转，孩子往往就不会有这样的眼界；从小不喜欢读书、不喜欢思考的孩子，也没有这样的格局。因此，要培养孩子的眼界、格局，家长就要多陪他们出去走走，见识不一样的世界。同时，还要鼓励孩子多读书，陪着孩子分析、总结读书心得，提高孩子的认识。

3. 充满热情、保持激情

在工作和生活中，热情洋溢、激情满满的人往往都能随时保持积极情绪，不让坏情绪影响自己的工作和生活。同样，家长也要让孩子保持热情和激情。比如，上兴趣班的时候，很多孩子都是"三分钟热度"，刚开始激情昂扬，没几天就蔫了。这些就是孩子的正常表现。有人说学习是逆人性的事情，因此家长要不断地给予鼓励，给予引导，让孩子一直充满热情，保持激情。

4. 嘴巴甜，会赞美他人

经常听到家长表扬孩子"嘴真甜"，其实这就是孩子的过人之处。会说好听的、会赞美他人也是一种高情商的表现。而且，会赞美他人的人，善于发现他人身上的优点，从他人身上学习长处。这类孩子，往往进步非常快。当然，赞美一定要是发自内心的、真诚的。

5. 善于沟通、长于交流

任何地方，任何场合，善于沟通、长于交流的人，都会得到大家的喜欢，也会很快融入圈子。

沟通和交流是可以练出来的，家长可以多给孩子创造这样的机会。例如：出门买东西，让孩子去咨询；出门问路，让孩子去做……

6. 自我激励，保持好心情

一直都保持好心情，确实很难，需要非常强的自我激励能力。

高情商的人，会每天起来对着镜子给自己一个微笑，让每一天都变得开心起来。孩子被家长从床上拉起来，一副没睡醒的样子，照在镜子上，想象一下，看到这样的自己，孩子心情会好吗？

7. 善于倾听，积极回馈

倾听和听别人说，是完全不同的两件事。在父母说话时，如果孩子没有认真听，没有反应，甚至内心是抗拒的，就不叫倾听。

真正的倾听，是认真地听，仔细地听，用脑子思考别人说的话，用各种表情和动作给予回馈。

当然，还有一种现象也不是倾听，即别人说话时，你还没听几句，就把话题接过来，开始滔滔不绝地讲自己的观点。这些都是不正确的。要告诉孩子：别人说话时，不要插嘴，即使想说，也要先让对方说完。

8. 敢作敢当，有责任心

孩子因为害怕受惩罚，犯了错往往就会躲起来，不说话，不承认……孩子为何会这样？这些都跟家长对孩子犯错后的态度有关系。怎么样才能让孩子敢作敢当，有责任心呢？

首先，孩子遇到了问题，做错了事，父母要先理解他们的情绪，表示自己也很难受。

其次，分析孩子做错的原因，是因为能力不足，还是因为理解错了。

最后，告诉孩子自己的优势和不足之处并给出解决方法。

经过这样一轮操作，孩子下次犯错误就不会因为害怕惩罚，担惊受怕，不敢承认了。

9.用真诚的心对待别人

为了表达对他人的尊重，一个很好的方法，就是记住对方的名字。尤其是在学生群体中，能不能很快地记住新同学、新朋友的名字显得十分重要。

如果你的孩子，在开学第一天就能很快地记住同学的名字，在以后的交往中能够准确地叫出别人的名字，同学自然就会愿意和他交朋友。那么，孩子如何才能知道其他孩子的名字呢？

很简单，只要大胆主动地走过去，做一个自我介绍即可。这其实就是一个完整的社交过程。

教育智慧

为了给孩子正确的引导，培养孩子的情商，包括说充满爱的语言，父母一定要努力提升自己的情商。

给孩子正确的教育，缩短孩子的受苦时间

这天我接收了一个项目，是关于孩子失恋问题的。

孩子妈是我的一对一学员，孩子遇到了问题，她第一时间来找我，希望我帮孩子走出失恋的痛苦。

见到孩子时，我看到他眼中无光，身体无力，持续地在抑郁的情绪里打转。我问他，你现在的情况如何？你给老师说一下，我才能更精准地帮助你。

他说，我失恋了，很痛苦，我觉得人生没有希望，什么也不想干，也不想学习，吃饭也没胃口。

我说，那好，我们就来解决你的失恋问题。因为是失恋引发了各方面的问题，所以核心是失恋。

我又问他，你是想通过老师的帮助跟女友复合呢，还是彻底从失恋带来的痛苦中走出来？

他说，我想跟她复合。

我说，好。（先稳住孩子，让他看到自己想要的结果是有希望

的，你是和他站在一起的，这样他的内心就会充满力量，也更愿意和你倾诉心中的真实想法。）

接下来，通过半个月的课程，我唤醒了孩子的内心力量与幸福感。随着智慧与力量的提升，他明白了这个女孩不适合自己，继而彻底放下，从痛苦的情绪里走了出来。孩子很开心，所有的问题也就都得到了解决。

通过这个案例，我想说的是，孩子遇到问题，内心都会陷入纠结与痛苦，这时候家长就要引导他们从痛苦的心情中走出来，缩短他们受苦的时间。而这也是家长给孩子的正确教育。

1. 面对孩子的负面情绪，家长的 5 种教育误区

当孩子出现负面情绪时，家长很容易走入以下几个教育误区。

（1）暴力压制。看到对方心情不佳，多数人的心情都不会好，不管是亲人还是朋友。父母和孩子之间也是如此，当孩子不听话或是遭遇挫折的时候，大部分父母的第一反应都不会很有耐心，因为情绪很容易传染。比如一个人大声对你说话，你就可能大声地回复他；别人对你不友善，你一般也不会给他好脸色。这种情绪的交叉感染，每天都在各个社交圈子上演。当孩子情绪爆发的那一刻，其实父母已经被孩子影响了，因而在处理问题时，无法冷静下来。比如，遇到孩子犯错，就会教育说："这么大个人了还

不听话，你到底要我说几次才记得住，是不是要打你一顿才行？"遇到孩子吵闹着要新玩具时，妈妈不堪其扰，直接说："家里的玩具都堆成山了，你还要买新的，再这样吵下去，家里玩具你都别想碰了。"大热天带孩子出去玩，只想领着孩子往阴凉的地方走，可孩子调皮，到处乱跑乱跳，妈妈发着火说："我数到三，你再不过来，我就把你扔在这里不管了。"

（2）盲目说教。遇到孩子的问题，无论大事小事，父母最常用的方法就是说教。父母为什么喜欢说教呢？因为他们会习惯性地把自己放在一个比较高的位置，觉得自己比孩子的人生经验丰富，见解肯定是对的，自然就会用居高临下的态度面对孩子。比如，孩子因为吃冰淇淋咳嗽，父母就会说："跟你说过多少次了，吃冰的对身体不好，你偏偏不听，这下受苦了吧！"孩子走路稍不留神撞到了玻璃门，眼看就快要哭出来了，这时父母说："你走路不看前面的吗？"可见，说教对于父母来说最不费力，可效果通常也不见得会好。

（3）冷漠无视。当父母觉得孩子听不进教训时，就会采用冷漠的态度对待孩子。这些父母心里的想法是：自己说再多也没有用，还不如让他冷静一下，这样做就不会惯着孩子。可有时稍不注意，就容易陷入"冷暴力"，慢慢吞噬孩子的安全感。比如孩子已经玩了一上午游戏，可还想接着玩，看到这种情况，妈妈实在忍不了，就直接拔掉了电源插头。孩子很生气，不理妈妈，妈妈也不会迁就孩子，于是双方陷入冷战之中。

（4）转移注意力。孩子出现负面情绪，家长试图通过转移注意力来达到转化情绪的目的，其实不一定总能起作用。比如，孩子被他人欺负了，哭得很伤心，妈妈看到这种情况，觉得都是孩子之间的正常打闹，转眼就忘记了。为了缓解孩子的情绪，就跟孩子说："不要哭了，妈妈等会儿带你去吃好吃的好不好？"这种做法省心省力，却无法从源头上真正解决问题。

（5）否定打击。有些父母性子急，且不理解孩子，使用的教育方法也是错误的。遇到孩子犯错或情绪失控，他们不知道该怎么办，只会着急上火地说："你怎么这么笨呢？""你怎么胆子这么小呢？"这些错误的教育方式其实能够理解，毕竟多数人都是第一次做父母，没有经验，有些孩子也确实比较难教。不过，面对孩子的问题，父母最好不要打击孩子，要一边积累经验，一边解决问题。

2. 父母正确应对，才能帮助孩子走出低谷

为了引导孩子走出低谷，父母可以这样做。

（1）让孩子认识并表达出自己的坏情绪。在孩子情绪不好的

时候，父母要做的是帮助他们认识自己的情绪，让他们学会表达自己的坏情绪。能够准确形容情绪，是让孩子学会管理情绪非常重要的一步。具体做法如下：通过游戏的方式进行培养，比如，拿一张卡片，上面画出沮丧、高兴、害羞、恼怒等各种情绪的表情，引导孩子认识；也可以由父母做出各种表情，让孩子猜测表达的是怎样的情绪。通过这样的训练，孩子就可以学会了解和观察自己和他人的情绪。

（2）教孩子接纳坏情绪。孩子处理情绪的能力，一部分是受先天影响的。如果父母对情绪的控制力不好，孩子的性格和父母相仿，情绪自然也就不容易控制。在这种情况下，父母要耐心劝解，让孩子把情绪稳定下来，可以告诉孩子：承认自己的坏情绪，会伤心、会生气、会难过，之后就能慢慢想办法缓解，消除自己的不良情绪了。

（3）把握好孩子走出低谷的最佳教育时机。当孩子的情绪比较稳定，理智开始上升的时候，父母可以和孩子共同探讨解决方案。比如孩子被欺负了，心情非常糟糕，这时父母应如何正确解决这类问题呢？

第一步：第一时间认同孩子此刻的负面情绪，千万不要评价孩子的对错，如果孩子受了委屈，就先安慰，等到孩子心情平复

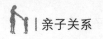

了，再向孩子了解事情的真相。

第二步：孩子感觉安全时就会各种发泄，可能会做出一些破坏性的行动。父母在确认孩子安全的前提下，可以让孩子发泄够，让他们的心里彻底平衡。

第三步：孩子发泄够了，尽量满足孩子的要求。比如孩子哭了很久，就会想喝水，或想吃东西，这些合理的要求都可以答应。

第四步：孩子平静后，会主动诉说自己的问题，可能会提出解决方案。如果方案不恰当，父母可以进行适当的引导。

经过上面的步骤，父母基本上已经给孩子做好了引导工作，剩下的就是按照方案解决问题。在这个过程中，重要的不是结果，而是孩子是否从中学到了什么，以及有没有成长。

教育智慧

给孩子及时且正确的引导，孩子受苦的时间就会大大缩短。

第四章　原生家庭

家风，是整个家族的不动产

家风对孩子的品质培养起到了关键的作用。

家风是家族品质的传承与弘扬，是给家中后人树立的做人准则。树立良好的家风，能让孩子受益无穷，让孩子在成长的过程中培养出坚忍不拔、积极向上等中华民族优秀的精神品质。

这天，两家人在一个饭店门口遇到乞丐。

一家人趁机教育孩子说，看到那个乞丐没有，为了能够不像他一样沦落成乞丐，你一定要用功读书啊！孩子点点头，若有所思。

另一家人则对自己的孩子说，你要认真读书，对社会有所贡献，让更多的人不沦落至此。

对比之后，结果显而易见。第二个家庭的家长，格局就比较大，教育出来的孩子也不会局限在自己的小圈子里。

家风和家长的格局会影响孩子为人处世的方式。一个人的格局不同，他的眼界与为人处世的方法也会有所不同。优秀的家风能给我们带来什么？相信大家心里已经有了答案。

家风看不见，摸不着，却会实实在在刻在一个人的心里，融进血液里，成为家族成员的精神纽带，甚至成为他们性格乃至命运的一部分。因此，父母不一定要给孩子留下万贯家财，但可以为孩子留下最宝贵的精神命脉——家风。

《易传》中说："积善之家，必有余庆；积不善之家，必有余殃。"一个人，一个家庭，存善心，做好事，助人为乐，谦和慈悲，便会造福自己。有这样优秀的家风，何愁子孙不发达，家族不兴旺？

好的家风，会让子孙后代受益无穷。所谓"得道多助，失道寡助"，坏的家风，私心太重，会招惹很多祸端，让子女的路越走越窄。

学习是时时处处的事，也是轻松快乐的事，不见得一定要在学校捧着书本，在日常生活中的方方面面，在很多生活场景中，自然而然地做事、聊天，也是一种放松自然的学习方式，能让人感到轻松和快乐。

家教、家风也是一种习惯。习惯对一个人的影响非常重要，它可以让一个人一生受益或受害。曾国藩说过，一个人能够早起，能够热爱读书，能够每天劳动，他才会有更好的未来。父母要求自己和孩子一起读书、做事，就能引导孩子养成好习惯，塑造良好的品格，就能形成好的家教和家风。

一个家族的家风，是整个家族的不动产。在教育过程中，父母要尽可能地去尊重孩子的天性，呵护他们的心灵，引领他们挖掘自己的创造力，减少对孩子的压制、限制、扭曲和伤害，建设他们健康的心智，比如，和谐、爱、感恩、自信、智慧与灵感，爱自己，以及为他人和社会做贡献。

家教、家风其实是一种生活方式，在耳濡目染的点滴生活中，有意无意地带给人一份温暖。父母的言传身教就是家风和家教。

1. 沟通与否

好的家风：遇到问题时，父母、子女和家庭成员会先有效地沟通。父母关心孩子的生活与学习，不会消极地对待问题，会跟孩子一起寻找恰当的解决方式。在这样的温馨家庭里，成员都会感觉舒服，亲子关系也会更和谐亲密。

不好的家风：长辈脾气暴躁，缺少沟通，满满的负能量，看到孩子被困于问题中，不仅会恶语相向，还会拳打脚踢。试想在棍棒底下成长的孩子，怎么能拥有好的未来？

2. 温情与否

好的家风：身在这样的家庭环境中，人们都感到舒适安全，自在温暖，无论走多远，一想到家，就有无穷的力量；当你累了倦了，只要一回到家，就会感到温馨而美好。

不好的家风：这样的家庭让人总想逃离，让人畏惧和不安，外面过得再苦，也不想回到那个没有温情的地方。

3. 赞美与否

好的家风：这样的家庭充溢着赞美和表扬，家长善于发现孩子的潜质，会激发孩子探求未知的积极性，而每一次的收获都会极大地增加孩子的自信。

不好的家风：这样的家庭中更多的是打击，家长喜欢吹毛求疵，没有鼓励，即使孩子做得再好，他们也不满足。这会让孩子自信心不足，对于前途充满迷惘与无助感。

4. 有无爱意

好的家风：这样的家庭拥有爱的氛围。家人对长辈孝顺，对晚辈关爱，孩子可以在爱中茁壮成长。即使是爱孩子，也不是溺爱，而是循序引导，孩子做错了事情，会耐心地引导他。孩子不会感到被抛弃，会正确认识错误并认真改正，得到爱，并学会爱。

不好的家风：这样的家庭不懂得表达爱，家庭氛围像陌生环境一样，父母对孩子简单粗暴甚至冷漠。在这样的氛围中长大的孩子没有安全感，亲子关系也会越来越疏远。

5. 管控与否

好的家风：这种家庭父母会以身作则，给孩子树立最好的榜样，他们自尊、自立、自强、勤劳、勇敢、有耐心、行动力强，不懈怠，能坚持，也更容易取得成绩。在父母的影响下，孩子就能养成良好的生活习惯，具备卓越的品性和人格。

不好的家风：在这种家庭中更多的是教条与控制，父母的一些不好的行为，对孩子也有不好的示范作用。所谓"上梁不正下梁歪"，父母霸道强势，会对孩子造成负面影响，让他们变得狭隘、自私、霸道、恶劣。

6. 陪伴与否

好的家风：在这样的家庭中，父母会拿出时间更多地陪伴孩子，时刻关注孩子在学习生活上的变化，但不会过多干涉，让孩子感到舒适。

不好的家风：在家庭中，家长养成了一些坏习惯，比如，打牌赌博或其他消遣，家人之间几乎不交流，很少陪伴孩子。

7. 民主与否

好的家风：民主的家庭，父母一般都关心孩子的成长，能很好地倾听孩子的心声，鼓励孩子表达自己的想法，能够给孩子建议和指导，并跟孩子一起解决遇到的问题。

不好的家风：这类家庭倡导服从，对于孩子的质疑和提问，总是呵斥，久而久之，孩子就不想去争辩或表达了，内心变得压抑。

8. 夸赞与否

好的家风：好的家庭会夸赞孩子的优点与进步，对于孩子出现的消沉失意，父母能够给孩子较多的鼓励，帮助他们克服困难，走过阴雨天。

不好的家风：对孩子出现的错误，横眉冷对，不了解问题的症结，而是先入为主，或惩罚或打骂，伤害孩子的自尊心。

💡 教育智慧

父母的高度是孩子的起点，父母的格局及和谐的生命状态是孩子成功路上的动力及标杆。你当下在哪里，孩子的起点就在哪里，教育的终极目的是向内寻找幸福，让自己及孩子拥有幸福的能力。

孩子的问题是婚姻的照妖镜

教育的核心是婚姻，父母的婚姻关系是孩子无声的大学。因为生命源自父母，婚姻是孩子的起跑线，长期生活在关系不和谐、吵闹的家庭中，孩子便已经输在了起跑线上。

很久之前，看过这样一则新闻。

一对夫妻的感情走到了尽头，丈夫出轨，妻子不堪忍受，然而儿子正在备战中考，为了不让孩子担心，妻子在儿子面前露出笑脸，也给足了丈夫面子，营造出家庭和睦的假象。等到儿子回到房间，夫妻二人立马变脸，你一言我一语地互相指责。

儿子顺利考上当地重点高中，夫妻俩都很开心，商量着停火一天，带孩子出去玩。没想到孩子做了一件让家人意想不到的事情：劝自己的父母离婚。孩子说："爸、妈，你们还是离了吧！与其生活在不和睦的家庭，还不如好聚好散。"

夫妻俩这才意识到，他们费尽心机伪装出来的假象，孩子一直看在眼里，孩子在这种紧张的、脆弱的关系里，一直承受着巨大的压力。

　　夫妻关系出了问题，往往都会低估孩子的洞察能力。很多时候，孩子都十分敏感，能够捕捉到父母关系的变化、情绪的波动，家庭氛围的好坏。研究表明：即使4个月大的婴儿也能轻易地辨认出妈妈的情绪和表情，只不过他们不擅长表达，只能内心默默承受着父母自以为掩饰完美的敌对气氛。

　　家就像土壤，其好坏直接决定着种子能否很好地发芽生长。因此，婚姻好不好，只要看看孩子就能知道。

　　对一个孩子而言，最幸运的事情，就是生活在父母感情稳定、和谐的家庭里。在不幸福的婚姻里长大的孩子，承受的压力和痛苦难以想象。夫妻关系就像家庭的定海神针，和睦的夫妻关系，是孩子成长最好的礼物。

　　夫妻是否相爱，会直接影响孩子的身心发展。孩子的性格，就是父母婚姻的照妖镜，可以直接暴露出父母婚姻的真相。一段婚姻是否幸福，无论怎么在人前伪装，只要一看孩子的性格，就会真相大白。

　　孩子的教育和父母婚姻的质量紧密联系在一起。刚刚吵得面红耳赤的夫妻，转头却教育孩子要温柔和善，效果可想而知。父母之间的冷战热战，孩子都能感受到，时间长了便会受到影响。

在父母争吵中长大的孩子，性格往往更偏激；在父母关系冷漠中长大的孩子，性格往往更敏感。只有在父母双方彼此认同和关爱的家庭中长大的孩子，才能更自信，更温和，更懂得照顾他人的感受，更能心存感恩之心。

好的婚姻里，每个人都是柔软的。双方都懂得好好说话，不会一言不合就戳对方痛处；懂得尊重对方的感受，不会让对方太难过；懂得互相照顾，每个人都能感觉到被支持和被爱护。

好的婚姻里，是互相成就。无论是夫妻，还是孩子，都会变成更好的人。孩子出生后，婚姻就不再是两个人的事。原生家庭的婚姻质量，影响着孩子的一生，甚至还在一定程度上决定着孩子的长相、性格和教养。所以，努力过得幸福一些，不仅仅是为了自己，更是为了孩子。

1. 父母感情不好，影响孩子的择偶和婚姻

孩子对爱情和婚姻的最初印象来自父母，每位父母都在不知不觉中为儿女未来的婚姻提供了一个参考模板。你在家庭中的样子，很有可能就是孩子未来的样子。

如果父母喜欢通过冷战来表达不满，孩子在自己的生活中也

会习惯用冷战来解决问题。

如果父亲总是对母亲诉诸暴力，男孩也很可能会用同样的方法来解决问题；女孩童年目睹了爸爸的暴躁之后，容易自卑，成年后遇到同样的问题，也倾向于默默忍受。

如果父母总是为鸡毛蒜皮的小事争吵，孩子就容易失去对婚姻的向往。

若是孩子在纷乱的家庭中长大，未来在婚姻中也会无意识地重复父母曾经走过的路。

2. 父母感情不好，孩子与父母之间的关系也好不了

父母之间矛盾太多，感情不和，其实也是在逼孩子"站队"。在男孩的记忆中，母亲总爱抱怨父亲自私、不顾家、没出息。因为父亲经常在外打工，他对父亲的了解不多，几乎是在母亲的抱怨声中了解了父亲的点点滴滴，不知不觉也开始在内心埋怨父亲，和父亲越来越疏远。长大成人后，他才慢慢发现，父亲虽然经常和母亲吵架，但对他们母子的爱从来没有变过，父亲从不辩解，默默给他们最好的生活。他说："敌视了我爸这么多年，才发现坏丈夫并不等于坏父亲。"

很多父母一辈子都在做彼此的差评师，为了提高说服力，甚至还会拉上孩子，让孩子站队。而孩子很难理解大人们的恩怨，

对他们而言，爸爸是天，妈妈也是天，选择任何一方，对另一方都是一种背叛。孩子没有办法，只有带着对父亲或母亲的偏见，矛盾、痛苦地生活下去，跟父母的关系也会少了亲切。

3. 父母感情不好，孩子性格也会受到影响

缺位的父亲、失控的母亲，出手打人的爸爸、哭泣抱怨的妈妈……孩子长期生活在这种家庭中，性格和心理难免会受到影响。

有一项调查显示：夫妻之间经常吵架的家庭中，孩子的心理问题检出率会更高。他们性格存在缺陷，有的不知道怎样和人相处；有的缺乏安全感，自卑、敏感；有的感受不到家庭温暖，孤僻叛逆。

教育智慧

家庭是孩子最好的大学，父母是孩子最好的老师。最能暴露父母婚姻质量的，不是金钱和地位，而是孩子。

言传身教是最简单的教育方式

父母是孩子的第一任老师，孩子一直和你紧紧相连，你的情绪、思想、心胸、格局、境界和内心的力量，都会传递给孩子。

　　活在恐惧中的父母，总会对孩子说"不"，时间长了，孩子的翅膀就会渐渐被折断，羽毛被拔去，丢失力量、勇气和自信，难以高飞，最终还被父母训斥："你看看你那没出息的样子！"

　　活在爱中的父母，会经常对孩子说"好"。而这也是给孩子一生最好的礼物。

　　问问自己：你清明吗？你自信吗？你有压力吗？你内心感到恐惧吗？你是活在爱中，还是活在恐惧中？你在持续成长吗？你有读懂自己及孩子的智慧吗？

　　看到孩子叛逆，却将责任推卸给孩子，认为是孩子的问题，想尽一切办法改变孩子。为了能快速改变孩子，他们愿意付出一切精力、时间和金钱。其实，孩子问题的根源皆在父母，父母提升了自己，孩子自然也会成长与提升，以身作则、言传身教，是最简单的教育方式。

　　家庭是最小的社会单位，家长是孩子的第一任老师，言传身教也是家庭教育最好和最基本的方式。出生在一个家风清正的家庭，从小受母亲和父亲的影响，耳濡目染，就能与邻居友好融洽地相处，学习做人的道理，等长大成人，有了自己的孩子后，也会让自己成为孩子的榜样，要求孩子做到的，自己先做到，并告诉孩子，你的最低目标就是超越自己的父母。

孩子是父母的影子，孩子是父母的翻版。作为父母，我们只有严格要求自己，才能真正成为孩子的表率，培养出孩子的好品德，奠定孩子美好未来的基础。

1. 父母要重视自己的言传身教

首先，要成为孩子的榜样。成为孩子的榜样，并不需要家长做多么伟大或轰轰烈烈的事，而是从身边的点滴小事做起，把小事做好做细，正确引导孩子的行为。例如，见人主动问好，接受帮助后多说谢谢，坐车时不开窗抛物，公共场所不大声喧哗，外出旅游除了脚印，其他的（垃圾、乱写乱画）都不要留下。

其次，不玩手机。很多专家都曾说过，如果你想毁掉一个孩子，只需要给他一部手机。为此要早点立一条规矩"在家不动手机"，也就是说，除了拨打、接听电话或查看必要的消息，只要是在家里，不管是大人还是孩子，都不要动手机。

孩子的成长是一个不可逆的过程，作为孩子的养育者，父母应该重视自己的榜样作用，对自己严格要求，懂得学习与反思，改正坏习惯，以身作则。

父母树立的良好榜样，会让孩子随时反思自己的一言一行，不断向父母靠近。这是一种内在力量的驱动，比讲道理、时刻监督，更能让孩子接受。

2. 要求孩子做到的，父母先做到

给孩子设定了目标，父母也要积极做到。这样既可以让自己充分体验这件事的可操作性与难易程度，便于及时调整，也可以让孩子感受到陪伴和竞争，增加做事的趣味性，同时也能给孩子做好表率，促使他早日达成设定的目标。

例如，有个男孩在上初一期间，体育成绩不及格，爸爸便跟他一起制订锻炼身体的计划。每天利用下午放学后的时间，练习立定跳远和跑步，从一开始绕车库跑步 1 圈到最后跑 4 圈，爸爸一直都陪着孩子一起训练，一起尝试增加训练量。孩子亦从初期的被动训练，逐步适应并不断提升训练量，最后竟主动要求尝试跑 4 圈，不仅体质增强了，自信心也增强了。

💡 **教育智慧**

最好的家庭教育，是父母的言传身教，给孩子树立良好的榜样。

妈妈的情绪管理影响一家人的幸福

我们是个三口之家，孩子已经 10 周岁。在他小时候，我们跟其他父母一样望子成龙。而我又是一个没长大的妈妈，容易急躁，情绪波动大，不够温柔宽容，不够智慧，总想着要教育好孩子，却总会在不经意间打扰到他正在专注的事情。

记得在孩子两岁多的时候，我带他去早教中心上亲子课程。那时的他胆怯，不自信，但我觉得既然已经花了钱，而且也不想让孩子落后于其他孩子，就没有理会孩子对上台的恐惧，逼着孩子做他不愿意做的事情……往事不堪回首。

孩子走进小学后，成绩一般，作业总是出错，我的情绪开始失控，总会按捺不住地批评、指责甚至打骂他。于是，孩子也开始变得脾气暴躁，上课专注力不强，做事拖拖拉拉，喜欢看电视和玩手机游戏，爱哭鼻子，有选择困难症，总是精神不振……

2019 年暑假，我参加了一次学习。这次学习，让我意识到妈妈在家里的重要性，如同定海神针。这让我想起某小学运动会上一个班级的口号：学习使我妈快乐，我妈快乐，全家快乐。

妈妈的情绪管理影响着一家人的幸福。孩子本来就会自然生长，天生就是我们的导师，我们要认真聆听孩子的每一句话。对于孩子的需求，认真对待，适当满足。用满足疗愈法，疗愈孩子过去所受到的伤害，想要什么样的结果，就往那个方面去努力，不给孩子增加压力，让孩子在父母的呵护下健康成长。同时，给予孩子希望的语言，降低伤害，关注孩子的内在建设，看看孩子有没有感恩心？快不快乐？内心是否健康？让孩子变得越来越自信。孩子遇到问题的时候，父母要给孩子树立一个好榜样，让他从父母的身上学到一些方法和技巧。

之后，我给予了孩子更多的爱，对于他的合理愿望，基本满足，比如他很喜欢吃，我也不拒绝，结果一个暑假他竟然胖了10斤。我也慢慢学会了爱自己，爱孩子，不乱发脾气。现在，孩子在我的影响下也改变了很多，比如，情绪温和，有礼貌，比较大度，有自信……

其实，孩子的疗愈过程就是母亲成长的历程，虽然孩子也会出现情绪上的失控，但这是必经的过程，也是向母亲发出想得到爱的信号，更是对母亲的考验。我相信，只要母亲有提升，孩子肯定会迎头赶上。

对于一个家庭来说，女性的角色是谁都代替不了的。如果说父爱是一座山，那母爱就是一条涓涓细流，缓缓流淌在孩子的心窝，在孩子经历难过或困难后，母爱会让他们的困难与难过都随风飘散。

情绪会传染，尤其是妈妈。一项研究表明：女性的情绪能量远超过男性。母亲是家庭的灵魂，母亲快乐全家快乐，母亲焦虑全家焦虑。性格温柔而有耐心的妈妈，带出来的孩子往往比较自信。脾气暴躁、强势的妈妈，带出来的孩子一般都比较懦弱，没有自信。

1. 妈妈的坏情绪会影响孩子的身心健康

妈妈的情绪是一个家庭的晴雨表，如果妈妈心情好，孩子也会变得心情好；如果妈妈总是板着脸，孩子也会活得战战兢兢，担心自己会惹怒妈妈，进而影响自己的身心健康。

孩子长期处在过度兴奋或者情绪低落的状态中，可能会造成免疫功能失调。妈妈应该及时调节好自己的情绪，积极和孩子进行沟通，及时缓解孩子内心的负面情绪，避免负面情绪积压。

2. 坏情绪会传给孩子

妈妈的所作所为会对孩子产生潜移默化的影响，妈妈经常板着脸或者发脾气，会在无形中让孩子也养成不好的行为习惯，肆意对身边的人乱发脾气，伤害自己亲近的人。

妈妈的情绪是孩子情绪的雏形，如果妈妈总是释放坏情绪，孩子便会认为这种情绪是一种正常的现象，即使伤害到了对方，自己也不自知，很可能会因此而失去自己亲密的朋友。

3. 妈妈的坏情绪会让孩子自卑

孩子还不能清楚地认识自己时，往往会通过妈妈对待自己的方式来揣摩自己是否优秀。如果妈妈总是对孩子发脾气，孩子往往会下意识地认为自己是一个不值得被爱的人。

看到其他的孩子都被妈妈捧在手心里，自己却要承受妈妈的坏脾气，孩子难免会变得唯唯诺诺，自卑不已，不敢在大庭广众之下表现自我，习惯躲在角落里，做一个透明人。

💡 **教育智慧**

只要母亲有提升，孩子肯定会迎头赶上。

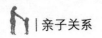

幸运的孩子用童年疗愈一生，不幸的孩子用一生疗愈童年

原生家庭的一切都影响着孩子的命运。

父母的格局决定着孩子的格局，父母的修为决定孩子的修为，父母的成功与幸福决定着孩子的成功与幸福，孩子的人生起跑线就是原生家庭的生活状态与模式。所以，孩子一旦出现了问题，一定是原生家庭本身就存在问题，只是你习惯性忽视而已。

有些父母喜欢不断地指责自己的孩子没有出息，对孩子不满意，我不禁想问一句：你对自己的人生满意吗？孩子的问题其实是父母问题的延续，此刻的你不应该指责或嫌弃孩子，应自我反省与提升。不是孩子错了，是父母错了，父母要为孩子的行为负责。责人者先自责，才能解决问题。

原生家庭对一个人的一生影响极大。夫妻恩爱，家庭和谐，在充满爱的环境里长大的孩子，注定比不健全家庭或整日吵闹的家庭里成长的孩子要阳光许多，这是学校教育无法给予的，却能决定孩子的一生。

一个好的老师，或许能影响孩子 3~5 年，但家长的影响力却是一辈子。孩子不是老师的，而是家长的，家长永远是孩子的第一任老师，也是孩子永远的榜样。

原生家庭关于父母的功课，是学校老师无法完成的。无论父母平时多忙，教育好孩子，永远都是最重要的事业。

只有面对问题才能发现问题，只有发现问题才能解决问题，只有解决问题才能总结问题，只有总结问题才能避免问题。

幸运的孩子用童年疗愈一生，不幸的孩子用一生疗愈童年。

童年时期生活在一个良好的、有爱的家庭环境中，孩子就能塑造健全的人格，具备处理任何事物的能力，以及强大的心理素质和抗压能力。拥有不幸童年的人，长期处在一个缺爱或压抑的环境中，就难以长出健全的灵魂，往后的一生都会努力去修复治愈和填补童年的不幸。这种不幸会影响人际关系的处理、工作抗压能力、处理事情的方式和态度，甚至爱人和被爱的感知力，以及对下一代的教育等方面，终其一生。严重者还会丧失人最基本的共情能力，最常见的表现是：冷漠、自私、无感。

孩子童年时期因缺爱而带来的恐惧，会影响他们的命运与幸福感。如果孩子的内心充满爱，他们就会懂得感恩与付出；如果童年没有被满足，成年后不管用多少爱都很难填满，可能还需要专业老师的长期疗愈，才能走出那个"黑洞"。因此，与其等着以后疗愈补洞，不如给孩子安装一个全方位拥有爱、富足的内在系统，而这也是孩子一生的宝藏。

💡 教育智慧

只要改变原生家庭存在的问题，孩子自然也会随之改变。

收回自己对生活的沉重感，将希望与丰盛传递给下一代

如果一个人内在充满金钱的匮乏感，那么他的内心就是贫穷的。无论给他多少钱，都无法让他产生富足的感觉。即使他看起来是个富人，本质上也是一个穷人，因为他太关注金钱，过度追求财富，被金钱奴役，无法享受到物质富足带来的心之自由和平和；反之，如果一个人内在充满金钱的富足感，即使他现在很穷，金钱也很可能会在不久的将来眷顾他。

正所谓"身穷穷一时，心穷穷三代"，就是这种匮乏感的传

递作用。

有个女孩从小家里就比较贫穷，妈妈几乎不给她买任何玩具和零食。看见别的小朋友有好玩的玩具，可以吃好吃的东西，她也会缠着妈妈买。可这时候，妈妈总会把她训斥一顿，呵斥她不识好歹，不知道家里穷。在这种成长环境下，女孩学乖了，变得听话了，但同时也在潜意识里留下了深深的"不配得感"，她不敢花钱，怕花钱，怕用好的、吃好的、穿好的。一旦这样做，心里就会有愧疚感。

大学毕业后，女孩通过自己的努力，当了企业高管，虽然薪资不低，但衣食住行依旧很"简朴"，出差住普通宾馆，吃饭在街头饭馆，来往坐经济舱，在外人看来她是低调、节约，可是她真实的内心是：使用好的东西，她会感到心里不舒服，仿佛耳边会有一个声音呵斥她：你这样太浪费了，你知道赚钱有多不容易吗？

她虽然知道时间成本的概念，知道享受更好的服务会帮她节约时间，用来做更重要的事，但她依然会感到不舒服，会下意识地选择一些比较便宜的产品和服务。

心理学家分析说，童年的亲子关系会内化成孩子的内在关系模式，决定孩子一生的性格和命运。在家庭教育中，不厌其烦地对孩子说"粒粒皆辛苦""爸爸妈妈赚钱养家不容易""钱不能乱花"，会给孩子带来深深的沉重感。在这种教育的潜移默化下，孩子只能感受到生活的不易。这种匮乏感直接跟金钱画上等号，孩子做事就会缩手缩脚，无法轻松地享受理所应当的事情。

童年的匮乏感，会逐渐凝固成内心的黑洞。真正欲壑难填的其实是成年人的黑洞，但成年后的黑洞依然可以自我觉察疗愈。事实上打压孩子的欲求，并不能转嫁自己内心的匮乏感，更不是真正为孩子好。

在童年时期父母满足了孩子的哪些方面，孩子未来在哪些方面就不会执着，可以自由地去体验更高级的需求。小时候各方面都被充分满足的孩子，自然能绽放绚烂的一生。事实证明，历史上最杰出的艺术家、哲学家大多出身富贵之家。

父母无论贫富，都要给孩子传递这样的信息：你的欲求很美好，你值得一切最好的东西。如此，孩子未来自然会物质丰盛而不执着于奢靡。

父母不仅要教育孩子"粒粒皆辛苦"，也要跟他一起分享你的工作和获取金钱的乐趣；不仅要告诉孩子要懂得珍惜，也要告诉孩子"你值得富足美好的物质生活"；不仅要倾诉养家多辛苦，也要讲述你为这个家庭奋斗的自豪和满足。

为了孩子能拥有富足的精神和物质，父母一定要收回自己对待生活的沉重感和匮乏感，将希望与富足传递给下一代。

童年时期形成的匮乏感，成年后很难弥补，就算觉知力很强的人也需要花很长的时间来修复。为了减少孩子的未完成情结，父母就要接纳他们"孩子"的身份，给他们打造一个丰足的童年。只要条件允许，就尽量满足，不单指物质方面的，还有爱和陪伴。

如何才能正确地满足孩子？

1.看见孩子的需求，给他想要的，而不是你自认为好的、值得的、有用的

很多家长说，现在的孩子太难满足，见什么要什么。其实，有时候真不是孩子贪心，而是你给的不是孩子真正想要的。

孩子明明想买一本漫画书，你却认为没什么用，还不如买本作文书；孩子想买个贴纸，你怕他贴得家具上、衣服上到处都是，最终给他买了一台你小时候一直想要的遥控车；孩子想买个动画人物的模型，你说太贵，都够买几天的菜了。

这样的付出和牺牲，再多也没有用。孩子该玩让他玩，不要整天逼着他学习，更不要在放假期间塞满补习班。吃太多的糖和巧克力虽然不健康，但也得允许孩子适量吃一些，用一点垃圾食品换来孩子一天的快乐，你和孩子都不亏。如果你觉得某件衣服不好看，但孩子却真心喜欢，那就给他买吧，花一点冤枉钱，却能让孩子得到满足。

有个网友分享过他的故事：小时候物资匮乏，2分钱一根的冰糕都很奢侈，父母在地里割稻子大汗淋漓也不舍得买来吃。但是有一天，父亲特意走了很远的路买了一根给他吃。

多年过去了，那一直是他记忆中最好吃的冰糕。后来他去外地工作，不管吃到什么好吃的，他都会想着有机会带父母来尝尝。

2. 及时回应，痛快地满足，不延迟满足，不附加条件

很多人对延迟满足有些误解，做什么事情都会让孩子等一等："妈妈这件衣服真好看，能买给我吗？""等过生日再买。""你考得好就买。""过年再买。"……

延迟满足确实能锻炼孩子的自制力，但很多家长不知道的是，真正的延迟满足应该是孩子自主选择，而不是家长强制的。不以孩子自愿为基础的延迟，不仅无法训练孩子的自控力，还会破坏那件事带来的幸福感，甚至让孩子认为：父母就是见不得我开心。

总是习惯性地让孩子等，孩子也会习惯这种等待和拖延，什么事情都等一下再做。明明立刻就能满足，为什么不爽快一点，给孩子一个满足而快意的人生？

3. 无须逞强和伪装，如果满足不了，诚实回应就好

为了避免羞愧，有的父母会给自己一大堆理由，不仅不会满足孩子，反而批评、否定孩子的需求，意思是你提这个要求太过分了，比如"家里已经有很多玩具车了""买了玩不到两天"，这就是家长不坦诚的表现。

其实，满足孩子并不需要花很多钱，父母只要根据自己的能力，量力而行即可。父母虽然可以不满足孩子，但一定要肯定他的需求。如果家长说："妈妈知道你很想要这个玩具车，可是很遗憾，妈妈不舍得买，我还要买其他东西。"这就比较诚实，其实就是在告诉孩子：你想要这个玩具没有错，你也值得，只是妈妈无法满足你。孩子的需求只要被看见了，就算最后没被满足，最多也只会留下一点遗憾，不至于形成心理创伤。

教育智慧

比起完美，家长更需要的是诚实。诚实表达自己的难处，孩子就能理解父母，不会对父母产生怨恨。

第五章　自我成长

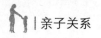

若要放开孩子，必先治愈自己

原生家庭，就像是我们的人生底色，在很大程度上决定了孩子未来的生活质量和成就高度。

原生家庭糟糕的人，往往会处于不安和焦躁中。他的底色是灰色的，能见度低，且缺乏生命力和价值感。但原生家庭不会百分之百决定孩子的人生，具体会影响到什么程度，完全可以由孩子决定。

受原生家庭影响的孩子，长大之后为人父母，需要先治愈自己，再教育孩子。

很多父母，每天都在一刻不停地为孩子感到焦虑。因为在他们眼里，孩子总有很多问题，需要他们去解决、教导和纠正。比如，孩子刚出生父母就开始焦虑母乳够不够吃，母乳营养好不好。等孩子稍微大一点，父母又开始焦虑孩子怎么还不会翻身呀？怎么还没长牙呀？怎么还不开口说话呀？孩子会不会发育不良呀？……

在父母持续的焦虑中，孩子一点点地长大，他们用自己强大的生命力，证实了父母所有的焦虑都是庸人自扰。然而，即使知道是庸人自扰，多数父母仍然没法控制自己不去焦虑。尤其当孩子到了学龄阶段，有些父母的焦虑已经到了严重失控的程度。

从选择幼儿园开始，父母就焦虑孩子会不会输在起跑线上。他们不能接受自己的孩子成为一个平庸的人，倾尽所有时间和精力，陪孩子上各种兴趣班，生怕孩子的天赋不能被发现。等到孩子上了小学、初中、高中，进入青春叛逆期，很多父母更是焦虑成疾，随时可能崩溃。

面对习惯焦虑的父母，孩子们又是什么样的状态呢？小的时候，因为没有自主能力，他们必须依赖父母，只能无条件地全盘接受父母的焦虑，顺从父母，极少可以拥有自我。等到孩子具备一定的自主能力后，他们就会开始试探父母的底线，尝试反抗父母的意志，释放内心的自我。渐渐地，父母和孩子之间曾经看似亲密和谐的关系就会被打破，父母变得更加愤怒，孩子变得更加叛逆，父母和孩子的心理距离越来越远。

当父母百思不得其解"为什么自己付出越多，孩子越是反抗自己"，转而向心理咨询师求助时，他们得到最多的建议是：想要改变孩子，请先改变你自己。因为真正生病的不是孩子，而是父母；真正需要疗愈的不是孩子，而是父母。

在原生家庭中留下的心智漏洞与残缺都被埋在了生命大厦的地基处，为什么我们觉察不到它的危险性与破坏性？因为你的生命大厦还垒得不够高，地基的歪斜与脆弱还未暴露。当它足够高时，便会出现各种问题。到那时，你就会感到危机四伏，四面楚歌。你疲于应付，手忙脚乱，然而任何拆东墙补西墙的权宜之计与短期行为，都无法真正逆转生命的走势，除非你敢于下定决心，回到地基，重塑你的生命之根。

想想看，心智不健全的孩子，长大后会不会像地基不稳的大楼一样出现倒塌？作为父母的你，是否意识到了这些生命中存在的隐患？何时才愿意去消除它们？

父母关注孩子内在的心智成长，可能在短时间内无法从外在的技能、成绩等方面直观地看见，但心智成长如同建设一座生命大楼的地基一样，从表面上，我们确实看不见地基，甚至会忽略了它的重要性。但只要重新搭建地基，上面的建筑就能屹立不倒。

1. 不要让孩子卷入夫妻问题中，让他们两面受敌

夫妻之间出现了问题，或争吵或冷战，都不要让孩子卷入其中，这也是对孩子最好的保护。比如，丈夫一回到家就抱着手机躺在沙发上，妻子受不了，但为了维持夫妻关系，只能冲孩子发

泄，借以指桑骂槐达到指责丈夫的目的。在这种关系下演变出来的情形就是，孩子会对父亲充满敌意，觉得他不懂得分担妈妈的辛苦；有些孩子会变得叛逆，甚至离家出走；有些孩子则只能通过哭泣来发泄心中的不满。

2. 阻断问题关系处理模式的代际传递

自我觉察和理解、接纳自己的父母，孩子就会努力自省、阻断和减少问题关系处理模式的代际传递。他们会找一个阳光明媚的午后，拿一张白纸，以思维导图的形式画出自己记忆里曾经发誓要逃避父母的负面经历，然后一一写下：如果我是父母，会采取哪些处理方式。之后，跟这些负面经历道别。

3. 真正去认识、接纳自己

不称职也许并不是我们的错，可能是因为父母或祖父母只留给我们这样一个成长的起点。我们只能在陪伴和养育孩子的过程中不断拥抱和疗愈自己，对自己足够包容和接纳了，也就离好父母的标准更近了。

💡 **教育智慧**

不成熟的父母想控制孩子，最重要的原因就是他永远以自我为中心，而你要意识到，你有你的生活，孩子有孩子的生活。

没有什么比找到自己更重要

"自我认知"真的很重要吗？先来分享 3 个场景。

场景一：一位年轻的妈妈一直在担心自家孩子是不是有多动症或狂躁症。孩子今年 2 岁，只要妈妈一让他坐着看绘本，他就大发脾气，扔东西，或者使劲撕书，不让撕就歇斯底里地哭闹。妈妈简直受够了，无可奈何，但她不知道的是，孩子的哭闹、吵嚷、蛮不讲理与她从小没有学会用正确的方法表达和处理自己的情绪有着直接关系。

场景二：孩子拿着水杯从电视机前走过，正坐在沙发上聚精会神看球赛的爸爸突然站起身，抡起胳膊朝着他的脸就是一巴掌，并大声吼道："还不滚开，你挡着我了。"孩子惊讶地看了爸爸一眼，跑回自己的房间，反锁了房门，大哭起来。那一刻，孩子所有的自尊与对爸爸的爱，都被那莫名其妙的一巴掌埋葬了。爸爸也被自己粗暴的行为怔住了，将那只一时失控的手收了回来，恨不得扇自己一巴掌，竟然蹲下身子哭起来。至今，他也不明白自己为什么扇孩子那一巴掌。

　　场景三：疫情期间，有一段时间孩子与爸爸已经没有了丝毫的交流，孩子每次吃饭都要拿回房间吃，不让拿就干脆不吃，甚至爸爸都不能去孩子房间门口。本来门还开着，但只要爸爸一走过去，门就被关上甚至反锁。爸爸想把门卸了，又担心父子关系恶化。他感到非常痛苦，始终不知道自己做错了什么，又该怎么办。

　　尼采曾经说过："聪明的人只要能认识自己，便什么也不会失去。"现实中，有多少父母能够从孩子的表现中察觉并认识自己，从而改变自己？而这也是家庭教育实施过程中常常被忽视且非常关键的问题。

　　在人际关系理论中，人际认知是人际交往的前提条件，个体对自我的认知则是基础。父母对自我的生理、心理和社会三个层面无法做出正确的判断，就很难与他人特别是孩子建立良好的关系。当然，也容易在家庭教育中出现越位、失位、错位，做出与父母角色不相匹配的行为。

　　从另一个角度来看，父母只有正确认识自我、判断自我，才能避免孩子在对父母的认识过程中出现混乱，让孩子从父母那里习得正确认识自己的方式方法，为正在形成的自我认知奠定良好的基础。

1. 正确认识自己

父母只有正确认识自己才能更准确地认识、分析和了解孩子，为孩子各个阶段的成长实施科学有效的教育引导。而要想正确认识自己，就要客观、如实地看待自己。

许多家长往往是把孩子的问题看得很清楚，却看不到自己的问题。实际上孩子的许多问题，都是家长造成的。通过孩子的表现，发现自己的问题，在家庭教育上，就能前进一步。

有这样一个例子。有一次，儿子经过努力，解决了一件有一定难度的事情，当妈妈对他的成果给予赞扬时，他说："妈妈，原来我也不是太笨啊！"

听了儿子的话，妈妈深有感触，原来是自己平时和孩子说的气话，孩子当真了！在他幼小的心灵中，给自己做了定位——自己是个笨孩子。

从那以后，为了减少对孩子的负面影响，这位妈妈再也没有对孩子说过那样的话。

2. 全面地看自己

家长有两种倾向要不得。

一种是盲目地认为自己在家庭教育上很有一套，这类家长中学历比较高或本职工作干得不错的人居多。家长毫不掩饰自己的成绩，说："几百、几千人的大单位，我都拿下来了，还玩不转这么个小屁孩？"结果，这些人往往都败下阵来。

另一种倾向是，以为自己什么都不成。这类家长强调自己文化水平低，知道自己没有经验。其实，教育孩子和家长的文化水平没有绝对关系。许多文化水平不高的家长，家庭教育也很成功，关键是自己要重视、要努力。

3. 发展地看自己

有的家长被表面现象搞得丧失信心，由于自己没有教育孩子的经验，被孩子的顽皮、不听话搞得束手无策，就以为自己永远学不会教育方法；有的家长则盲目乐观，觉得教育孩子很简单，随着孩子一天天长大，才发现没有一种教育方法是一劳永逸的。

社会在发展，环境在改变，孩子也在一天天发生变化，父母自己停滞不前，客观上就是"不进则退"。

只有真正爱上自己，才会有能力去爱别人。生命中很多的问题都源于你还没有找到自己，一旦找到自己，爱上自己，很多问

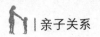

题就迎刃而解了。

找到了自己，就不用去讨好任何人，你的那颗悬着的心也就放下了。

发现了自己，就不用去琢磨任何人，也不必想着去改变任何人。与其琢磨别人不如探索自己，改变别人多数时候都是徒劳和妄念。

爱上了自己，就不用再去取悦任何人，更不用去征服任何人，那些都是无谓的努力。

教育智慧

没有什么比找到自己更重要。当你找到自己的那一刻，很多问题都会自动呈现出全新的答案。

做成长型父母

曾作为嘉宾上过央视《开学第一课》的北大心理学博士奕戈，在视频中讲述了自己初中时那段沉迷游戏、成绩一落千丈的经历。

在奕戈处于最低谷的时候，父亲没有责骂他，而是做了几件事，不仅让他摆脱网瘾，还帮他成功逆袭，最终考上了北大。

首先，严于律己，用自身的榜样作用带动奕戈自律。严格限制他玩游戏的同时，父亲以身作则，戒掉了手机和电视。每天他在屋里写作业，父亲就坐在屋外看书。

其次，从初三到高三全程陪读，给予奕戈关心和支持。父亲主动担任了后勤队长，用心陪伴他成长和学习，帮他疏导压力，排解不良情绪；和他一起面对、解决生活和学习中遇到的各种难题，成为他坚强的后盾。

最后，不断学习，做更好的父母。只要有时间，父亲就学习与教育有关的知识，比如如何教育孩子，如何帮助孩子学习，并认真做笔记，每天睡前和儿子分享所学。把奕戈当成朋友，平等交流，从不一味地说教。

在父亲的这番努力下，奕戈终于重新爱上了学习，最终步入了正轨。

看完他的故事，我深深感到：有成长型的父母，实在是孩子一生的福气。

为了教育孩子，为了让孩子成绩优异、全面发展，家长们都花费了大量的精力和心血。然而优秀的孩子总是少数，育儿有方、淡定的家长也是神话般的存在。我们更常见到的是焦虑的家长和疲惫的孩子，并伴随着亲子关系危机：家长绞尽脑汁督促孩子努力、自觉地学习，孩子却控制不住自己，不得不带着压力和痛苦一路负重前行。

有一位高中孩子的家长曾在群里求助："我儿子暑假在家整天玩手机、打游戏，根本不学习，一说他就吵架，怎么办？"而优秀孩子的父母，谈及教育心得的时候，几乎都是统一的回答："其实我们也没做什么，全靠他自觉。"

两类截然相反的教育现状背后，隐藏着一个关键区别：家长是只顾着往孩子身上投入，还是注重自身的学习，和孩子一起成长。

成长型父母，会以要求孩子的标准来要求自己，以身作则，给孩子做好榜样。这样的言传身教，更能赢得孩子的尊重与信任，孩子在潜移默化中向父母看齐，养成好习惯。他们充当的不是监督者、鞭策者、操控者的角色，而是孩子成长路上的忠实伙伴。他们不会逼着孩子取得好成绩，而是更关心孩子的生命状态，是否过得开心、自信，并经常给予孩子鼓励。这样的相处模式下，亲子关系良好，孩子能够感受到来自父母的爱和支持，内心充满力量。

另外，成长型父母，自身状态良好，不会经常焦虑。家庭氛围通常是宽松、自由的，孩子能够感受到平等和尊重。这种家庭环境，更符合孩子的成长需求，有利于培养出人格独立、身心健康的孩子。

1. 学习教育知识，懂得反思和调整教育方式

现实生活中，从事任何一项职业，都需要掌握相关知识技能，唯独成为父母，没有任何硬性要求。能否用正确、科学的教育理念养育孩子，全都依赖父母自身的觉悟和学习能力。

懂得学习的父母，会主动学习亲子沟通的方法，明白情绪管理的重要性，心平气和地与孩子交流，亲子关系会越来越好，对孩子的教育也更加得心应手。不懂得反思和学习的父母，往往会有一种傲慢的心理，喜欢端着做父母的架子，用一种高高在上的姿态和孩子沟通，动不动就朝孩子发脾气，亲子关系自然越来越差。

没有人生来就会做父母，那些能够教育出优秀孩子的父母，无一不是懂得反思和学习。因此，要想真正对孩子的成长负起责任，家长应当积极主动地学习教育知识、不断更新教育理念，调整教育方式。这也是家长自身的二次成长。

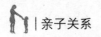

2. 坚持自我学习和成长

在现实生活中，很多父母在孩子出生后，就放松了对自己的要求，把全部的期望和未实现的人生目标都寄托在孩子身上。自己对待工作敷衍了事，没有追求，下班回家瘫坐在沙发上，无所事事，却一个劲地给孩子打鸡血，想要孩子变得优秀、完美。自己不学习，成天玩手机、追剧，却总是批评孩子不看书、不爱学习。

教育最糟糕的状态，无非是父母自己不读书、不成长，却拼命要求孩子变得优秀。陶行知先生曾在《教育的真谛》一书中提到"以教人者教己"，在家庭教育中同样适用。作为父母，你想让孩子拥有怎样的品质、习惯，自己先做给孩子看；你想让孩子成为什么样的人，自己先努力成为那样的人。

这种以身作则的教育，才是最有力的教育。而且，不仅仅是为教育孩子考虑，一个人的人生目标、兴趣爱好、自我成长，不应该随着孩子的降生而终结。终身地学习和成长，才能最大限度地活出生命的精彩。当家长自身的状态好了，内在能量充足，也会给孩子带来积极正面的影响。

因此，每一位家长都要做成长型父母，通过以身作则的教育，引领孩子走向优秀，同时，这也是对自己人生负责，为自己创造更大的可能。

如果你处于快速成长中，说明你在建立全新的人生观和价值观，相应地，你可能会发现所谓的闺蜜和哥们儿会跟你渐行渐远，不必沮丧。事实上，你没失去任何人，因为你已经找到了更好的自己。

我们此刻的所思所想决定着未来

在孩子成长的过程中，父母始终是孩子最好的导师，父母始终是孩子学习的对象，父母的原则始终是孩子的方向与底线。

有一对夫妇，生活在农村，他们辛勤劳动，对生活积极乐观，始终在家庭中传递"读书改变命运"的信念。他们支持孩子买书，支持孩子积极的兴趣与爱好。虽然自己文化水平不高，但是孩子与他们谈论学习上的问题时，他们总是耐心地倾听。

孩子受到父母的影响，学习努力。但是到了青春期，孩子也出现了逆反心理，这时这对父母依然坚持自己的立场，当孩子开始在学习上出现松动与放弃的时候，他们会对孩子说："孩子，爸妈没有文化，但是我们知道读书能改变命运，我们不希望你以后继续留在农村种田。"

由于这对父母始终温柔而坚定地坚持自己的立场，他们的亲子关系是和谐的，孩子也能体谅父母的不容易。所以，当这个孩子在学习上遇到挫折，想要放弃时，由于父母的坚持，他又重新恢复到原先的状态。

后来，这个孩子考进北京的一所重点大学。毕业后，在单位里认真、勤恳地工作，得到领导的肯定，被提拔为中层干部。他在回忆中说："我要感谢父母，是他们坚定的立场、他们勤恳的精神深深地影响了我，引导我勤奋学习，相信读书改变命运。走上工作岗位后，我骨子里继承了父母勤恳的精神，我勤恳地工作，工作使我快乐。"

父母需要给予孩子坚定的、积极的信念，需要在孩子成长道路上一路积极陪伴，为孩子掌舵，积极引领。

生命中的每一段经历，无论好坏，都是由我们自己创造的，我们此刻的所思所想决定着我们的未来。每个人想些什么、说些什么、相信什么，将决定自己会拥有怎样的人生经历。

有些家长总是抱怨说，自家孩子这不好，那不好。其实，孩子身上反映出来的问题都是父母问题的影子。那么，如何做才能成为合格的父母呢？

坚信一：天下没有教不好的孩子，只有不会教的父母

每个孩子都有与生俱来的天赋和潜能，能否成长为一个独特的自己，很大程度上取决于父母的教育方式。

父母的教育观念、对待孩子的态度、使用的教育方法，这些都将直接影响家庭教育的质量和孩子的未来。作为父母，我们必须虚心地承认自己在教育孩子方面还只是一个初级水平。要想让孩子做出改变，自己必须首先做出改变，必须努力学习并掌握教育孩子的技巧和方法，并在实践中不断地寻找适合自己孩子的教育技巧和方法。

坚信二：孩子是我生命的一部分。他的出生和成长是为了磨炼我、激励我、提升我

孩子是上天赐予父母最好的礼物，他的诞生让父母的生命得以延续；他的诞生让父母真正懂得了"父母恩"，真正理解了"孝道"的内涵；他的诞生让父母成长为"父亲"或"母亲"，让父母的生命更加完整而丰富；他的诞生让父母意识到自己必须成为一个"好人"，才能成为孩子最好的榜样；他的诞生给父母带来很多幸福和快乐，让他们重新体验了一次童年的纯真。

怀着这样一颗感恩之心面对孩子的时候，我们就能够无条件地接纳孩子的一切，即使之前最让我们头痛的缺点，此刻也会变成"磨炼我、激励我、提升我"的考验。

坚信三："我"是引发一切问题的根源，孩子是"我"的一面镜子

家庭教育，表面上看是父母教育孩子，实际上是父母与孩子共同成长的一个过程。在这个过程中，孩子出现的所有问题都能够从父母身上找到原因。所以，父母才是引发一切问题的根源，而孩子则是父母的一面镜子。这面镜子不仅能够照出父母在言行举止上的问题，还能够照出父母内心的一切。看到孩子这面镜子，父母就有了改变和提升自我的机会。当我们坚信自己才是一切问题根源的时候，也就有了改变的动力。而我们一旦改变，孩子就会有更加巨大的变化。

坚信四：孩子表现不够好，说明"我"的教育方法不够好；孩子有问题，说明"我"有问题

原生家庭环境，对孩子的人生有着极其重要的影响。父母每一个微小的改变都将使原生家庭环境发生改变，进而让孩子获得更好的成长环境，接受更好的家庭教育。

原本对孩子的错误大声指责的妈妈，在孩子犯错时不再责骂，而是告诉他"我相信你下次会做得更好"，会让孩子的自信心大大提升；原本对孩子冷漠的爸爸，每天给孩子一个微笑，可能让孩子变得更加积极乐观。

坚信五：自己变得越好，孩子就会变得越好

孩子是父母的镜子，父母是孩子的榜样，如果希望孩子越来越懂礼貌，父母首先要有教养；如果想让孩子变得稳重，自己得先稳重；如果希望孩子爱上读书，我们必须爱读书；如果希望孩子改掉爱发脾气的毛病，首先我们必须控制好自己的情绪……总之，我们对于孩子的一切希望都可以从自身的改变中获得。要坚信，只要我们变得越来越好，孩子也会变得越来越好。

坚信六：父母越尊重和理解孩子，孩子也就越尊重和理解父母

父母要尊重并理解孩子的决定，而不是强迫孩子听从自己的决定或者建议。孩子是具有独立人格的个体，他有权利决定自己的事情。要做到尊重并理解孩子犯错误，不和他生气。

作为父母，我们的责任是耐心地帮助孩子发现错误，并提供改正的建议，而不是和他大发雷霆。我们要尊重并理解孩子的秘密，而不是不管孩子在做什么都去插手和打听。

我坚信，只要做到尊重并理解孩子，就能收获孩子的理解和尊重。

坚信七：自己越是站在孩子的角度考虑问题，孩子也越能够站在父母的角度考虑问题

我们必须放下自己的成见，试着站在孩子的角度，用孩子的眼光来考虑问题。尤其是当孩子遇到问题的时候，更要在第一时间以孩子的角色和角度来看待问题、分析问题，进而寻找解决问题的办法。

坚信八：把注意力放在寻找孩子的优点上，一定会发现孩子越来越多的优点

我们曾经以为，只有挑出孩子的缺点，才能让孩子意识到自己的不足并有所改进。但是，这种做法却让孩子变得越来越自卑，甚至出现其他问题。

世界上没有绝对一无是处的孩子，也没有绝对十全十美的孩子，每个孩子都有自己的独特天赋。从现在开始，我们要把注意力放在寻找孩子的优点上，发自内心地欣赏他、赞扬他、信任他、鼓励他，让他们感到我们为他自豪和骄傲。帮他建立起自信，他们就会在成长之路上走得更加自信。

坚信九：唯有我的孩子才适合我，因为只有他才能激励我成长和提升

不要羡慕邻居的孩子有漂亮的大眼睛，不要羡慕朋友的孩子考上了名牌大学，更不要羡慕同事的孩子孝顺懂事，因为他们永远都只是"别人家的孩子"。从现在开始，我们要将所有的关注点都放在自己的孩子身上，在内心坚信：唯有我自己的孩子才适合我，只有他才能激励我成长和提升。

> **教育智慧**
>
> 如果你认为自己太矮、太胖、太瘦、不够聪明、太穷或缺乏交往能力，这些事情往往真的会应验到你身上。记住，我们是在谈论想法，而想法是可以改变的。

你若盛开，蝴蝶自来；你若精彩，天自安排

从孩子的吃喝拉撒到升学考试，从年少叛逆到成家立业，方方面面都伴随着无数的困难和波折。

教育，就像一场闯关游戏，需要穿越一个又一个关卡，每一

关都为难，每一关又都饱含喜悦。只有做智慧型父母，才能和孩子一起，轻松迎战每一道人生关卡。

1. 关于孩子的特质

普通父母：眼里的缺点永远多于优点。

智慧父母：缺点和优点都是特点。

换个角度看待孩子的优点和缺点，就能看到别样的景象：

孩子软弱、胆怯，这也意味着他做事谨慎靠谱；

孩子磨蹭、优柔寡断，这也说明他心思细腻、做事认真；

孩子爱凑热闹、管闲事，那么他一定有颗乐于助人的心。

有人说："我们不必去想该做什么才能让孩子更美好，而应该认识到我们的孩子已经是美好的了。"父母眼中的缺点，只是孩子在成长过程中显现出来的特质，它的存在，也是成长的问候。

2. 关于沟通

普通父母：控制型，我的想法都是对的。

智慧父母：合作型，我们有共同的观点。

有些父母总是以最正确、最权威的角度安排着孩子的一切，和孩子的关系不是"你说我听"，而是"我说你做"，一旦孩子有反对的意见，一句"你还小，我这是为你好"，就能堵住孩子想要辩驳的嘴。

被父母的想法控制的孩子，就像笼子里的鸟，虽然笼子会移动，但也只是换了个被关的地方。有智慧的父母，一定会花时间与孩子沟通，接纳孩子的想法，在家庭教育中相互理解，相互配合，拉近亲子间的距离。

3. 关于比较

普通父母：别人家的孩子是个宝，自己家的孩子是根草。

智慧父母：只和孩子自身比较，在成功中总结经验，在失败中吸取教训。

世界上没有两片相同的叶子，也不会有完全一样的孩子。一味地把别人家的孩子当作自己孩子的标杆，只会让孩子更有压力，不敢尝试更多的可能。

在成功中进步，在失败中成长，只有这样才能唤醒孩子内心不断进取的种子，未来才能更加独立，更加自信。

4. 关于视角

普通父母：只放大眼下，忽略未来。

智慧父母：有长远打算，心存大格局。

如今，很多家长都走进了一个误区：盯着眼前的孩子，想着他生活和学习上有哪些出彩的地方，很少有家长会去思考孩子未来的模样。

用放大镜的视角看孩子，过度关注孩子当下的考试和活动，很容易一叶障目，忽略孩子其他方面的发展。有智慧的父母，会用长远的目光来看待孩子的成长，为孩子将来的发展和成功做准备，为孩子做好人生的铺垫，家庭教育的效果也能事半功倍。

5. 关于提问

普通父母：提问题就是没用的胡思乱想。

智慧父母：提问题就是思考的光芒。

孩子们的脑瓜里，总有一些大人理解不了的东西。他们对所有的东西都存有好奇心，动不动就变身"十万个为什么"，随时都能抛出各种天马行空、异想天开的问题。普通父母要么选择忽视，要么就直接否定孩子的提问，然后直接告诉他们自己所认为的"正确"答案。当孩子提出问题后，最美妙的时光就是解答与探索的过程。求知的路上，孩子最开心的事，就是提个问题把大人问倒。相信并鼓励孩子去思考，去寻找问题的答案和解决办法，给孩子大胆试错的机会，让他们保持好奇心，才是面对提问的最好方式。

6. 关于时间分配

普通父母：孩子只有"学习"和"其他"两件事。

智慧父母：综合考虑，全方位发展。

在孩子的世界里，不仅有学习，还应该有其他生活，比如，运动、社交、兴趣、阅读……好的教育，是需要"留白"的教育，适当地让孩子自我发挥，允许他们去玩耍、去想象、去思考，他们才能成为一个独立的、更好的人。

7. 关于学习

普通父母：学习是灌输的过程，成绩是唯一的指标。

智慧父母：学习是探索的过程，成绩背后也很重要。

孩子进入学校后，成绩单和老师的期末评语就成了父母最敏感的话题。普通父母觉得，学习就是灌输，老师教什么，孩子就得学会什么，然后把成绩当作评价孩子的唯一指标，判断他是否优秀，能不能考上好的大学，能不能在社会中立足。智慧父母则明白，成绩只是检验孩子有没有认真学习的一种手段，是一个阶段的总结与评估。全面的能力、活力、毅力和性格才是影响孩子一生的重要因素。

8. 关于立场

普通父母：教育就是说给孩子听。

智慧父母：教育就是做给孩子看。

普通父母教育孩子，就是跟孩子说很多大道理。一旦孩子没有做到，就会朝孩子生气、发火，直到孩子发生改变。自己煞费苦心，最后换来的却是孩子的叛逆和不领情。智慧父母相信身教重于言教。改变孩子之前，先以身作则改变自己，把自己作为榜样，然后潜移默化地影响孩子。

9. 关于生活角色

普通父母总是把生活变成单选题，要么只工作赚钱忽略了孩子，要么只教育孩子忽略了自己。当工作遇上瓶颈，孩子不听话时就开始心气不顺、焦虑、发脾气。

智慧的父母不会故意苛责自己，他们明白世界上没有完美的人，会把生活过成多选题，在每个阶段都调整好自己的状态，营造温馨愉快的家庭氛围。

💡 教育智慧

从某种意义上说，在整个生命存在中，似乎不存在你与他人的关系。所有关系的本质可以说都是你与自己关系的投射。

第六章　心灵顿悟

教育观念的转变

当前，我国家长在教育观念上，应实现以下 4 个方面的转变。

1. 家长的职能和作用：从"只养不教"转变为"教养结合"

现实中有些家长对自己的职责认识不清，只在生活上照顾子女而不履行教育之责，但父母对孩子的责任是教与养的统一，只养不教的父母其思想有两种表现。

（1）自然发展观。这类父母不注重对子女的教育，认为树大自然直，只要把子女抚养长大，孩子自然就会懂礼貌、有知识。

（2）家长管养育、学校管教育。持这种观点的父母最突出的表现就是，喜欢把教育责任推给学校的老师。他们会对老师说："我把孩子交给你了，你就严格地管吧，是打是骂我没意见。"只养不教是一种十分错误的教育观念，教与养不能截然分开。

孩子的成长离不开父母的教育，学校教师不能取代家长的作用。家长必须转变教育观念，既要在生活上照料孩子，为他们的学习创造必要的物质条件，又要关心他们的学习，并在其他方面影响孩子，全力承担起养育子女的责任。

2. 教育目标：从"重智轻德"转变为"全面发展"

由于受 1000 多年封建科举文化的影响，"学而优则仕"的传统教育价值观念在许多家长的思想中根深蒂固，而在一些家庭教育中，甚至还将其扭曲成了重智育轻德育、重分数轻人品。

这类家长舍得对孩子进行智育上的投资，要求孩子的学习成绩达到前几名、高中毕业要考上名牌大学等，并为此给孩子施加诸多压力。而在德育上，却很少向子女提出明确的标准和具体的目标，更缺乏得力的教育措施和方法。

重智轻德的结果是：孩子的学习成绩虽然好，却自私自利，不尊重他人，不懂礼貌，任性，骄横，懒惰，缺乏同情心和责任感。事实证明，只有德、智、体、美、劳全面抓，孩子才能健康成长。因此，家长在教育孩子时，必须把握家庭教育的目标，努力把他们培养成为全面发展的、对社会有用的人。

3. 教养动机：从"为己教子"转变为"为国教子"

在养儿育女的动机上，中国传统的观念是养儿防老，传宗接代，父母把子女看成是自己的私有财产和附属物。把孩子的行为表现和自己的切身利益紧紧联系在一起，父母就容易感情用事，对孩子"期望过高，要求过严，控制过强，保护过分"。这也是持"为己教子"观念的父母的教育心态及外部表现。

随着社会的发展、时代的进步，我们必须彻底革除这种陈旧的教子观。在教育方式上，以民主式为主，经常和孩子讨论问题，放手让孩子处理自己的问题。在孩子升学和择业的过程中，要鼓励他们具有远大的理想、高度的社会责任感和奉献精神，把个人利益和国家利益结合起来。

4. 教育方式方法：从"独裁专制"转变为"民主合作"

传统的家长教育孩子时比较专制独裁，他们不懂得儿童身心发展的规律，无视儿童权益，要求孩子无条件地服从自己的意愿。

在教育方法上，他们喜欢强制压服、训斥打骂、严加管束。运用这些方法教育出来的孩子，表面看来循规蹈矩、低眉顺眼、唯唯诺诺，是个"好孩子"，实际上往往狡诈、虚伪或缺乏活力和开拓精神。

新时代的家长，应当彻底抛弃这种陈腐观念，采取民主合作的教育方式教育孩子。在科学原理和科学方法的指导下，针对不同年龄孩子的身心特点，建立民主平等的亲子关系。同时，要重视榜样示范的作用，将说服教育、正面表扬、鼓励为主与恰当的批评等方式结合起来，对孩子进行教育。

教育智慧

学过的知识可以开启你的智慧，让你心想事成、幸福美满，因此，不执着于以前学过的任何知识，才能真正学到对自己生命有用的内容。

一切皆匹配

前几天闺蜜给我打电话哭诉了半天，原因是她和丈夫吵了一架。我很纳闷儿，他们两口子平时关系很好，她丈夫平时也很淡定，怎么会吵架呢？后来我才知道，主要是因为孩子的问题。

在这个竞争激烈的时代，很多父母都希望自己的孩子能够出人头地，这使得很多家长特别容易焦虑。闺蜜平时很重视孩子的学习，这天她让丈夫辅导孩子学习，但丈夫平时比较淡定，对于孩子的学习抱着"孩子开心就行"的态度，在辅导作业的时候就不够仔细，马马虎虎就过去了。

检查的时候，闺蜜发现了很多问题。她火冒三丈，对着丈夫一顿数落，然后又逼着孩子重新做题。孩子虽然不乐意，但也只能委屈地重新做题。有一道题孩子不乐意重复做，不好好做，闺蜜一时愤怒打了他。

丈夫早就看不惯了，看到她因为作业打了孩子，两人就吵起来了，最后竟然闹到要离婚的地步。

不可否认，闺蜜家的教育方式本来就是错误的，难怪会引发冲突。教育孩子，正确的教育方式是夫妻双方统一战线，让孩子明白父母是一致的，既要听妈妈的话，也要听爸爸的话。

不管是事业上的合作伙伴还是生活中的伴侣，想在一起长久，必须"匹配"互补，思想"匹配"、价值观"匹配"、爱心和使命"匹配"，还要具备"匹配"的学习力和思考力。

唯有真正懂彼此的人、站在同一高度的人，才能真正成就彼此的生命，否则就是在彼此消耗。在教育孩子的问题上，同样如此，更需要夫妻步调一致。

1.教育理念不统一的原因

（1）教育背景不同。夫妻两人来自不同的家庭，受的教育也不同，教育观念自然会存在差异。比如，一方来自普通家庭，而另一方来自书香世家，两人从小到大受到的家庭教育截然不同，孩子出生后，两人在教育孩子的时候，也会出现教育理念不统一的情况。

（2）育儿经验不同。孩子出生后，为了照顾孩子，很多家庭采取的都是"男主外，女主内"的模式。妻子主要负责照顾好孩子，丈夫则负责赚钱养家。妻子照顾孩子的时间比较多，自然就积累了一定的育儿经验，但丈夫会因为心疼孩子而纵容孩子做一些妻子不让孩子做的事情，比如，孩子咳嗽不能吃糖，丈夫会背着妻子偷偷给孩子吃糖。因此，夫妻会因为育儿经验不同，使得彼此的教育理念不统一。

（3）文化程度不同。很多夫妻的文化程度不同，比如，丈夫是大学毕业，妻子只有高中水平；妻子是研究生，丈夫只上到高中毕业……夫妻之间文化程度不同，教育理念和教育孩子的方式也会不同。学识高的一方会觉得只有好好读书，孩子未来才不会差；而学识低的一方会觉得成绩好坏无所谓，即使是高中生，长大后也能找个大学生结婚，孩子不用活得太累。

2. 理想的夫妻教育模式

父母都是孩子最亲的人，也是孩子最尊重的人，如果两个人的意见不统一，孩子就不知道谁说得对，谁说得不对。比如，爸爸让孩子往东，妈妈让孩子往西，孩子到底该怎么选择？到底该听谁的？孩子肯定选择自己喜欢的那个。最后，孩子和一方统一战线，不仅会影响亲子关系，还会影响夫妻关系。

有心理学家曾说过：夫妻教育理念不统一，维护孩子的那一方，很轻易就破坏了另一方管教孩子付出的努力。孩子也会不服那一方的管教，会排斥教育他的那一方，会因为有人为他"撑腰"而有恃无恐。所以，一个家庭教育孩子，最重要的是要统一意见，如果真有不同的想法，也要等到孩子离开以后，两人再作商议。

（1）在孩子面前教育理念要一致。就算彼此的教育理念不同，在孩子面前父母也要保持一致。比方，妻子在教育孩子时，丈夫不认同妻子的教育理念，当着孩子的面，也要支持妻子，私下再和妻子好好沟通。最好用科学的育儿方法去说服对方，让彼此的教育理念统一起来，这样的夫妻教育模式才能教育好孩子。

（2）产生理念分歧要懂得冷处理情绪。很多父母在教育孩子的时候教育理念不同，争得面红耳赤，继而出现负面情绪，这样的行为不但会影响孩子的判断力和认知，还会影响家庭的和谐，夫妻之间也会因此产生隔阂。在教育孩子产生理念分歧时，最好先冷处理。可以先停止教育孩子，让自己冷静下来，不在孩子面前起争执，也不在孩子面前质疑对方。教育孩子只需要用一套教育方案即可，父母可以等彼此的情绪冷静下来后再好好沟通商量，让彼此的教育方案保持一致。

（3）统一好教育孩子的大目标，保持教育孩子的原则。夫妻之间的教育理念不统一，就要在私下进行沟通、讨论，不要在一些细枝末节上纠结，争论不休，否则会影响沟通的效果，让彼此再次产生矛盾。夫妻之间可以先统一教育孩子的大目标，比如，希望将孩子培养成一个什么样的人？夫妻要为此做出什么样的努力？夫妻哪一方的教育方式违背了彼此定下的大目标？夫妻只要保持好教育孩子的原则，教育理念也将能保持一致。

💡 教育智慧

夫妻教育理念不统一的家庭，难以教育好孩子。因此，为了让孩子变得优秀，在教育孩子的时候，夫妻要保持一致的教育理念。

当下即是幸福

看到自己想要的东西时，你是立即全力去争取，还是说服自己"以后我会得到，等我有钱了或成功了再去争取"？

每天活在过去和未来，把当下得到幸福的机会和享受当下幸福的机会全部浪费掉，只会消耗生命，蹉跎岁月。

过去的经历可以更好地成就当下的幸福。未来是由当下创造出来的延续，没有当下的学习和成长，没有拥有幸福的能力和配得感，就无法得到你想要的幸福结果。即使拥有幸福的机会来到了你的身边，你也照样会把它推到未来。可是，未来在哪里呢？有期限和地点吗？你能掌控未来吗？

你是一个焦虑的家长吗？你为孩子制订了学习计划吗？其实，很多时候过度的计划是一种焦虑和不自信的体现，想要让孩子变得更好，只要教孩子珍惜当下即可。

作为父母，我们有很大的责任让孩子感受到时间的紧迫性，为了让孩子不被他人比下去，为了让孩子获得更好的生活，就要让孩子努力学习，掌握基本的生存技能。但每一个未来都是由当下组成的，当下过不好，未来也会变得渺茫。和孩子一起成长，你才能更好地关注孩子的成长过程，而不是单一的结果体现。

我们要学着尊重生活，脚踏实地地过好当下，用一种看似随遇而安的心态去认真对待每一分每一秒，不好高骛远地去奔赴未来，不骄不躁。

教育孩子不能着急，着急会让孩子觉得人生无趣，好像只是为了完成命定的事情，人生旅途也会少了乐趣，被复制、被对比也就成了孩子最真实的处境。

每个孩子都需要因材施教，不能着急和一味地灌输，只有尊重孩子的差异，孩子才不会失去应有的快乐。

人生追求的永远是：健康、平安、快乐和实现自我价值。作为父母，我们要带着孩子们慢慢看世界，用不同的方式发掘孩子的喜好。

未来，我们不知道孩子会获得什么或失去什么，当下却是最真实的，要让孩子享受当下，活成自己喜欢的模样。因为孩子需要在不同的年龄阶段经历不同的感悟，生活是一场探索而不是剧本的演练。

1. 用"爱"给孩子一颗健康的心

父母对孩子最好的爱，不是为他创造了多好的条件，而是让孩子感受到家庭的温暖，让孩子的归属感得到最大限度的满足，用肯定的目光让孩子感受到自己的优秀，让价值感在持续的关注与肯定中得到升华。这两者的满足，将会给孩子一颗健康的心，包括内心的和谐、健康的心理、积极的欲望、清晰的人生价值等。这些将是孩子成就未来最核心的保障。

2. 用"育"给孩子一生的好习惯

哲学家培根说："习惯真是一种顽强而巨大的力量，它可以主

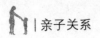
宰人生。因此，人自幼就应该通过完美的教育，去建立一种良好的习惯。"主宰孩子未来的不是家长规划的路线，也不是家长给予的这样或那样的培训，而是让孩子养成好的习惯。好的习惯会让孩子受益一生。当然，习惯有很多种，如果仅就学业来说，踏实与严谨是两种重要的习惯。

3. 用"伴"给孩子一种温情的暖

智慧的家长不会用道理去教育孩子，而是用自己的行为创设环境，影响孩子。他们会陪伴孩子，给他创设温暖向上的环境，绝不会站在家长的立场上为孩子的成长"指点江山"。

教育智慧

我们能掌握的只有当下，当下幸福才是真正的幸福。不要活在过去和未来，要听从自己的心，爱你所爱，行你所行，自由自在地创造幸福，享受当下的幸福生活。

第七章　个案分享

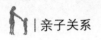

活出幸福绽放的自己

很多朋友问，什么是真正的幸福？我的理解是，幸福不是你拥有多少钱，也不是当多大的官，而是你的家庭是不是平衡地发展。

在没有学习成长之前，我是迷茫的，认为婚姻不重要，只要把儿子带好、给他创造好的条件就行。我根本就没有意识到，那时婚姻的失败已经给儿子造成了阴影，家庭不和谐，缺失父爱，让儿子变得有点不自信，不够坚强。

我意识到了这些问题，但又不知道如何弥补，无知的我只好将错就错，甚至认为很多婚姻都是这样过来的，只要全身心地去爱儿子，就可以弥补他。结果，儿子不再对我敞开心扉。

我不知道问题出在哪里，自己该怎么做。经过学习之后，我意识到自己以前的很多想法和习性都不对，只有发现问题才能解决问题，于是我下定决心改变自己，成为最好的自己。

在不断的学习中，我还知道了：每个孩子都是天真无邪的，不需要管教和控制，只需父母的引领和支持。父母活出幸福绽放的样子，孩子自然就会变会成这种状态。

这样学习成长一年后，我身边的关系都得到了改善。我拥有了幸福的伴侣关系，亲子关系也非常和谐，儿子和我们无话不说，有时是姐弟关系，有时是朋友关系，有时是母子关系，总之不管儿子需要哪个角色，我就扮演哪个角色，给他更好的引领和支持。父母、家人、朋友的关系都变得非常和谐友爱，没有固有的纠缠模式，有人遇到问题，我尽我所能，能帮则帮。

我喜欢现在的自己。

——悟华

孩子是父母生命、思想的传承和延续

孩子是父母生命、思想的传承和延续，孩子的一切都源于父母。比如，父母恐惧会导致孩子恐惧，他们甚至会把恐惧合理化，伪装成教导孩子的工具，美其名曰"为孩子好"。但很少有人知道：什么是好，什么是不好？你判断好坏的标准从何而来，是否正确，能不能产生价值？

你以往人生的经历建构了你的认知，你的认知决定着你的言行，你的言行决定了你的关系。如何检验你的认知是否正确？用结果检验，结果是最好的答案。

有的孩子看到父母的人生不是自己想要的，便把父母定义为失败，把与之相反的方向定义为成功。这需要莫大的勇气，也需要经历很多的痛苦和为错误买单，因为他们的路是一步步闯出来、试出来的。

在这种情况下，有些可能会成功，但我们不能把孩子的命运和人生赌在概率上。你能确定这些试错都是必要的吗？须知，有些错我们根本就试不起。或许有一天，孩子闯过来了，成功了，你对他们的人生又付出了什么？当你给予不了孩子支持时，你将体验到什么是灵魂上的被抛弃，因为付出永远与收获成正比。

什么是爱，如何给予爱，如何给对爱，是我们需要学习的爱的课题。爱是理解、接纳、包容、赞扬、支持，爱不会带来伤害，只会让人幸福。

人都想向温暖靠拢，向强者学习。父母无法仅仅通过语言教育孩子，无法仅仅通过父母的角色获得信服与尊重，最有影响力的是对自己人生经营的结果。

——贾晔菡

在爱的滋养下，孩子会变得开朗、有爱

2018 年 9 月，我带着对各种关系的困惑与对生活的迷茫遇见了韩老师，在她的引导下，我终于意识到，自己沦落到这个境遇是因为自己有太多错误的认知。

当时，老师的教育理念我是不认同的。虽然老师说父母是"原件"孩子是"复印件"，把教育孩子的心收回，注意力放在自我教育上，但鉴于自己内心的恐惧，我无法不管教孩子，结果却换来孩子越来越叛逆，越来越没自信，不愿意与我交流，亲子关系越来越没有温度。

结果不说谎，这时候我才真正理解韩老师的话，开始向内探索，自我成长。我现在是一个怎样的人？我要活出什么样的生命状态？我要给孩子做什么样的榜样？

通过学习，我开始自我建设，疗愈创伤，清理所有错误的认知，将老师给予的全新理念落实在生活中，我学会了爱自己，越来越开心，越来越轻松，内心富足，精神饱满。

修身，齐家，治国，平天下。自我修正，我对家人、孩子也给予了无限的耐心和接纳，给予孩子的全是爱的能量，在爱的滋养下孩子也变得开朗、有爱，内心有了自信的力量。

韩老师的教导让我和孩子受益匪浅，家庭氛围安定和谐，真正做到了让自己成为自己，让他人成为他人。每个人都很自由，我们互为老师，互相滋养与成就。

孩子是因我们而来，不是为我们而来，每个人都是独立的个体，他们也有自己的使命和需要经历的人生功课，榜样是最大的爱。

每个人都是一个管道，如果我们内心充满恐惧，就会传递给身边人恐惧的能量，我们就会管控、打压、批判、抱怨。如果我们内心充满爱，就会对身边人包容、理解、支持。

你意识到自我成长的重要性了吗？实现自我提升，才能给予孩子实现美好人生的智慧，你说是吗？

——醒心

成人者必先自成，责人者必先自责，治人者必先自治

最好的教育就是放下教育孩子的心，先自我教育，因为成人者必先自成，责人者必先自责，治人者必先自治。听到这里，大家有没醍醐灌顶的感觉？

没人愿做提线木偶，受人掌控。青春期的孩子，拼尽全力，就想拥有"自己说了算的人生"。自己做主，受到尊重，这样的人生才有意义，活得才有劲、有趣、有奔头，人生才是期望中美好的样子。这是我们童年的梦想，也是我们孩子的梦想。

我们怕他摔跤，怕他痛，怕他绕路，怕他吃亏……

过度的担忧就像诅咒。不如放下担忧，看懂孩子，满足孩子的合理需求。

与其望子成龙，望女成凤，不如自己先成龙凤，做好孩子言传身教的榜样。

人生，就是不断历练，再不断成长、提升的过程，经历是孩

子最大的财富与成长课题。

不亲身经历，不痛过，只有轻飘飘的千叮咛万嘱咐，孩子哪能觉悟与成长？父母要有引领孩子的智慧，在孩子需要选择的时候，为他提供有效的建议。与其煞费苦心地教育孩子，不如全力提升自己，既让自己得到了成长，也能更好地帮助孩子，亲子关系也更加和谐。

——李峰

后记

其实，一切都是最好的安排

只要是人，谁都无法了无烦恼，不能平静无忧地过完一生。可我们遇到烦恼的事情，还是想求些"解药"，因为这是人性。

其实，所有烦恼，都有解药。生活中许多无意义的烦恼都源自比较，比如，比外貌、比家境、比收入等，比得多了，烦恼就会无限滋长，挫败感和自卑感也会很快将你淹没。

成熟的人，一个明显的特征就是能够放下不该有的执着和不必有的执着。世上本无事，庸人自扰之。人生应该力求两个简单：物质生活的简单、人际关系的简单。大道至简，有了这两个简单，心灵也就拥有了广阔的空间。

现代人在这两个方面都比较复杂，物质生活上是对财富的无限追逐，人际关系上是利益的不尽纠葛。两者几乎占满了生活的全部空间，而人生的大部分烦恼就是源自这两种复杂。

烦恼很多，是因为你的世界太小，眼界太窄，智慧太少。为什么有些东西，在一部分人眼里是天大的烦恼，而在另一部分人眼里就是小事一桩？你所关注的东西、所身处的世界，决定了小烦恼能不能入你的眼、入你的心。如果你的烦恼特别多，一定不是因为你的运气特别差，而是因为你的世界太小，舞台太窄，心态太差，格局太低。

为什么人际关系的烦恼可以压垮一些人，而对另外一些人却完全没有杀伤力，反而成了成长与创造更大价值的动力呢？因为后者关注的不是今天谁说了什么，别人怎么说我了，他人怎么看待我，他们关注的是公司的发展、自己的成长、孩子的未来，想的是明天该学习什么、今天的自己有没有成长与变化、5 年后自己会在哪里，继而不断地去突破自己……

所以，你的格局决定了你怎样看待那些烦恼。解决烦心事的根本，不在于换一家公司或换一个伴侣，或是觉得这个孩子不听话再生一个孩子，而是应该清理周围不喜欢的人与事，做到断舍离。

时间，是一切烦恼的解药，成长是解决烦恼的唯一途径。很多人总是抱怨，觉得生活疲惫，生活琐碎，心情又苦又累，无法得到幸福生活、快乐工作的状态，在各种后悔与烦恼之间徘、徊……后悔进入现在的行业，后悔没有陪伴好孩子，后悔没有教育好孩子，后悔没有孝敬好父母等。其实，一切都是最好的安排，所有的一切都是为了让你成长与改变，遇见更好的自己。

时间与成长是一切烦恼的解药。所有的解药都藏在时间里，藏在内心深处，需要你去探索与实践。没有烦恼，就少了寻找幸福的动力，烦恼中藏着大智慧。你的持续实践会潜移默化地影响孩子，为他们的人生树立一个好的榜样。心大世界就大，有容乃大，厚德载物……